装甲车辆工程专业教材经典译丛
北京理工大学北理鲍曼学院中俄联合编译教材基金资助计划

АНАЛИЗ И ПРОЕКТИРОВАНИЕ ГИБРИДНЫХ ТРАНСМИССИЙ ТРАНСПОРТНЫХ СРЕДСТВ НА ОСНОВЕ ПЛАНЕТАРНЫХ МЕХАНИЗМОВ

混合动力汽车行星变速分析与设计

[俄] С. А. 哈里托诺夫（С. А. Харитонов）　[俄] Е. Б. 萨拉赫（Е. Б. Сарач）
[俄] М. В. 纳盖采夫（М. В. Нагайцев）　[俄] Е. Г. 尤丁（Е. Г. Юдин） 著

刘 辉　张发旺　韩立金 译

双语版

北京理工大学出版社
BEIJING INSTITUTE OF TECHNOLOGY PRESS

版权专有　侵权必究

图书在版编目（CIP）数据

混合动力汽车行星变速分析与设计／（俄罗斯）C. A. 哈里托诺夫等著；刘辉，张发旺，韩立金译． ‐‐北京：北京理工大学出版社，2024.5.
ISBN 978‐7‐5763‐4134‐8

Ⅰ. U469.7

中国国家版本馆 CIP 数据核字第 2024JF7878 号

北京市版权局著作权合同登记号　图字：01‐2023‐5023

责任编辑：李颖颖　　**文案编辑**：李颖颖
责任校对：周瑞红　　**责任印制**：李志强

出版发行 /	北京理工大学出版社有限责任公司
社　　址 /	北京市丰台区四合庄路 6 号
邮　　编 /	100070
电　　话 /	(010) 68944439（学术售后服务热线）
网　　址 /	http：//www.bitpress.com.cn
版 印 次 /	2024 年 5 月第 1 版第 1 次印刷
印　　刷 /	廊坊市印艺阁数字科技有限公司
开　　本 /	710 mm×1000 mm　1/16
印　　张 /	11.25
字　　数 /	150 千字
定　　价 /	42.00 元

图书出现印装质量问题，请拨打售后服务热线，负责调换

《装甲车辆工程专业教材经典译丛》
译审委员会

名誉主任：项昌乐

主 任：闫清东

执行主任：魏 巍

委 员：（按姓氏笔画排序）

    马 彪 马 越 王义春 王伟达 刘 城

    刘 辉 李宏才 郑长松 郑怀宇 姚寿文

    秦也辰 徐 彬 韩立金 简洪超 熊浡博

ВВЕДЕНИЕ

前 言

ВВЕДЕНИЕ

Ужесточение требований к экономии топлива и сокращению вредных выбросов стимулировало быстрое продвижение новых технологий передачи мощности от источника энергии к ведущим колесам транспортного средства. Возможность непрерывно регу-лировать передаточное отношение трансмиссии—обязательное требование при решении задачи экономии топлива и уменьшения количества вредных примесей в выхлопных газах.

В последние годы были существенно развиты типы транс-миссий, позволяющие одновременно обеспечить регулирование скорости транспортного средства и работу двигателя внутрен-него сгорания (ДВС) на постоянном режиме. Для уменьшения удельного расхода топлива и количества вредных выбросов тре-буется работа двигателя на некоторых определенных режимах. Для этого необходимо, чтобы трансмиссия имела большое (желательно бесконечное) число передач. Недавнее появление ав-томатических трансмиссий с шестью, семью и восемью переда-чами и различных типов трансмиссий с бесступенчатым изменением передаточного отношения отражает потребности современного рынка.

Создание трансмиссии, позволяющей поддерживать частоту вращения вала и момент ДВС такими, при которых он работает на определенных режимах независимо от мощности, потребной на ведущих колесах, представляется большим достижением с точки зрения экономии топлива и уменьшения вредных выбросов.

Бóльшая часть ДВС может работать эффективно только на некоторых весьма ограниченных режимах. Значение мощности на этих режимах не всегда соответствует потребной мощности на ведущих колесах. В связи с этим возникла необходимость создать между ДВС и ведущими колесами буфер мощности, ко-торый обеспечивал бы работу ДВС на постоянном режиме неза-

前　言

提高燃油经济性以及减少有害气体排放的严格要求，促进了动力从动力源传输到车辆驱动轮这一新技术的快速发展。在降低油耗和减少废气有害杂质排放问题时，无级传动是一项必然需求。

近年来，变速器技术得到了快速发展，这使得车辆可同时实现车速的调节和发动机在恒定模式下运行。为了降低油耗和减少有害气体的排放，要求发动机在某些特定工况下运行，这就要求变速器具有多级传动比（最好是无穷多）。最近出现的 6 挡、7 挡和 8 挡自动变速器和各种类型的无级变速器，反映了当今市场的需求。

从节油和"减排"角度而言，变速器的出现使得在提高燃油经济性和减少有害气体排放的技术方面取得了巨大进步。无论驱动轮所需的功率如何，变速器都能保证发动机的转速和转矩，以使其在某些工况下运行。

大多数发动机只能在一些非常有限的工况下高效工作。在这些工况下，发动机的输出功率大小不能满足驱动轮上所需的功率。因此，在发动机和驱动轮之间设立一个解耦器是十分有必要的，以确保发动机能够在恒定工况下运行，而不受驱动轮所需功率变化的影

висимо от изменения потребной мощности на ведущих колесах. В результате появились и стали стремительно развиваться транспортные средства с гибридной трансмиссией.

Транспортное средство с гибридной трансмиссией—это такое транспортное средство, в котором привод ведущих колес может осуществляться от двух или более видов источников энергии. На практике используются комбинации ДВС, электрических и гид-равлических двигателей.

Применение на транспортном средстве гибридной трансмиссии позволяет уменьшить габариты ДВС, используемого в автомобиле, поскольку наличие дополнительного источника энергии в случае необходимости может обеспечить дополнительную мощность. Кроме того, наличие гибридной трансмиссии значительно облег-чает решение задачи рекуперации мощности нарежимах торможе-ния, когда существенная часть кинетической энергии от ведущих колес может быть возвращена в аккумулирующее устройство, что невозможно в трансмиссиях обычных типов.

Несмотря на большое число вариантов построения кинемати-ческих схем гибридных трансмиссий, все они должны обеспечи-вать [1]:

- суммирование крутящего момента от двух видов источников энергии и передавать его на колеса транспортного средства;
- разделение мощности ДВС, часть которой передается через электрическую ветвь трансмиссии, а другая часть—через механи-ческую ветвь;
- движение транспортного средства только на одном из двух источников энергии;
- независимое управление двумя источниками энергии;
- бесступенчатое изменение передаточного отношения транс-миссии;
- регенерацию энергии торможения транспортного средства, а также иметь относительно небольшие механические и электриче-ские потери.

Наиболее часто в открытой литературе описываются после-довательные и параллельные варианты построения гибридных трансмиссий. В настоящее время все большее распространение получают гибридные трансмиссии с разделением мощности ДВС.

При последовательном варианте построения гибридной трансмиссии (рис. В1) мощность передается от ДВС на генера-тор, далее—к электромашине, которая соединена с ведущими колесами. Между ДВС и ведущими колесами отсутствует прямая механическая связь (ДВС и ведущие колеса независимы друг от друга). Пара электродвигатель—генератор совместно с аккуму-ляторами представляет собой электрическую трансмиссию, кото-рая обеспечивает бесступенчатое изменение передаточного от-ношения и регулирование мощности между ДВС и ведущими колесами. В этом случае происходит двойное преобразование энергии ДВС: механической в электрическую и обратно. Каждое преобразование приводит к потере в среднем 10 % мощности [2]. Таким образом, КПД трансмиссии в этом случае может быть не более 81%. Кроме того, максимальная мощность, по крайней ме-ре,

响。于是，出现了带有混合动力变速器的车辆并得以迅速发展。

混合动力变速器车辆是一种可以由两种或多种动力源驱动的车辆。在实际使用中，通常使用发动机、电动机和液压马达的组合方式。

在车辆上使用混合动力变速器，可以减小车载发动机的尺寸，因为附加的动力源能够提供附加动力。此外，混合动力变速器的存在，极大促进了制动工况功率回收问题的解决。来自驱动轮的大部分动能可以回收至储能装置，而这在传统变速器中是难以实现的。

尽管构建混合动力变速器的运动学方案有很多选择，但它们都应保证[1]：

①转矩为两种动力源转矩的总和，并将其传递给车辆的车轮；

②发动机动力的分配，一部分通过变速器的电力支路传递，另一部分通过机械支路传递；

③车辆的行进仅靠两种动力源之一驱动；

④两种动力源的独立控制；

⑤变速器传动比的无级变化；

⑥车辆制动能量的回收，并且机械和电力损耗相对较小。

在现有文献中，不同动力源的串联和并联方案是最常见的，目前具有发动机功率分配的混合动力变速器正变得越来越普遍。

在串联结构混合动力变速器构建方案中，如图 B1 所示，功率从发动机传递到发电机，然后传递到与驱动轮相连的电动机。发动机和驱动轮之间没有直接的机械连接（发动机和驱动轮相互独立）。由电动机、发电机与动力电池组构成的电动变速器能够为发动机和驱动轮之间提供无级变化的传动比和功率调节。在这种情况下，发动机的能量发生了双重转换：机械能转换为电能及逆过程。每次转换都会导致平均 10% 的功率损耗[2]。因此，这种情况下的传输效率不可能超过 81%。此外，发电机的最大功率必须与发动机的最大功率

одной электромашины должна соответствовать максимальной мощности ДВС. Это условие приводит к увеличению габаритов и массы трансмиссии. По этим причинам последовательные вари-анты построения гибридной трансмиссии используются главным образом для коммерческих транспортных средств, работающих в режиме «stop-and-go».

Рис. В1. Последовательный вариант построения гибридной трансмиссии

При параллельном варианте построения гибридной трансмис-сии (рис. В2) электромашина располагается параллельно обыч-ной механической трансмиссии. Электромашина может быть объединена с ДВС, трансмиссией или просто соединена с ведо-мым валом. В этом случае существуют два независимых потока мощности. Регулирование передаточного отношения осуществ-ляется с помощью механической коробки передач, а регулирова-ние мощности—с помощью электромашины. Поскольку имеется прямая механическая связь между ДВС и ведущими колесами, то частоты их вращения зависят друг от друга.

Рис. В2. Параллельный вариант построения гибридной трансмиссии

Параллельные гибридные трансмиссии хорошо зарекомендо-вали себя при движении по магистрали, но оказались непригод-ными для городских условий движения по экономическим сооб-ражениям. Жесткая связь частоты вращения вала ДВС и ведущих колес требует в этом случае использования в составе трансмис-сии коробки передач или вариатора [2].

相等。该条件导致变速器的尺寸和质量增加。由于上述原因，串联结构混合动力变速器构建方案主要用于频繁"启/停"工况下的商用车辆。

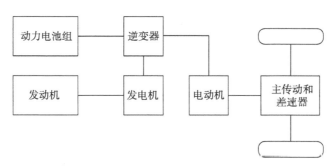

图 B1　串联结构混合动力变速器构建方案

对于并联结构混合动力变速器构建方案，如图 B2 所示，电动机与传统机械变速器并联安装。电动机可以与发动机、变速器组合，或者简单地连接到传动轴。

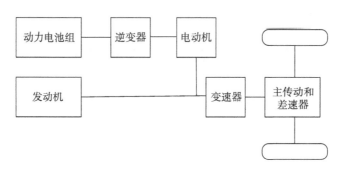

图 B2　并联结构混合动力变速器构建方案

在这种情况下，存在两个独立的功率通路。通过机械变速器调节传动比，而功率的调节通过电动机控制。由于发动机和驱动轮之间存在直接的机械连接，因此它们的转速是相互关联的。

并联结构混合动力变速器在公路行驶中表现优异，但由于经济性原因，不适合在城市工况行驶。在这种情况下，发动机主轴与驱

Простые варианты параллельного построения гибридной трансмиссии используются главным образом для систем, в которых мощность, проходящая через электрическую часть трансмиссии, не превышает 15 % мощности ДВС [2].

Трансмиссия с разделением мощности ДВС (рис. В3) является другим наиболее перспективным вариантом построения гибридной трансмиссии, который с недавнего времени пользуется повышенным вниманием разработчиков. Отметим, что для разделения потока мощности ДВС в настоящее время используются как простые планетарные ряды, так и сложные планетарные механизмы.

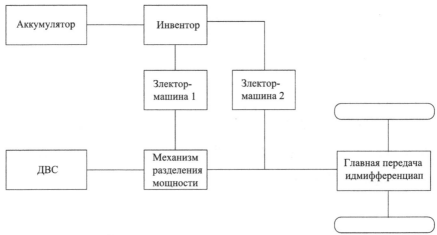

Рис. В3. Вариант построения гибридной трансмиссии с разделением потока мощности ДВС

动轮之间转速刚性连接就需要使用变速器或无级变速器作为变速器的一部分[2]。

简单的并联结构混合动力变速器构型方案主要用于变速器电功率分流不超过发动机功率15%的系统[2]。

如图B3所示的发动机功率分流混合动力变速器的构建方案，是混合动力变速器构型另一个最有前景的方案，最近受到越来越多研发人员的关注。需要指出，目前简单的行星组和复杂的行星机构都用于发动机功率分流机构的设计中。

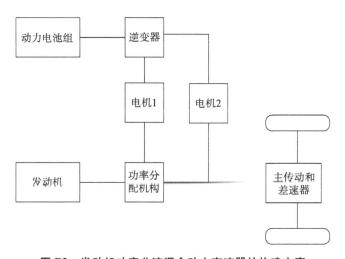

图 B3　发动机功率分流混合动力变速器的构建方案

ОГЛАВЛЕНИЕ

目 录

ОГЛАВЛЕНИЕ

1. Кинематические схемы гибридных трансмиссий 2
    1.1. Схема фирмы Toyota 2
    1.2. Схемы трансмиссий фирмы GM 10

2. Кинематический и тягово-динамический анализ характеристик транспортного средства с гибридными трансмиссиями 18
    2.1. Разгон транспортного средства с трансмиссией THS 18
    2.2. Торможение транспортного средства с трансмиссией THS 48
    2.3. Разгон транспортного средства с трансмиссией GM 62
    2.4. Торможение транспортного средства с трансмиссией GM 114

3. Выбор тяговых электромашин для транспортного средства с гибридной трансмиссией 132

    Литература 158

目　录

第 1 章　混合动力变速器的运动学原理 ……………………… 3
　1.1　丰田汽车变速器原理 …………………………………… 3
　1.2　通用汽车变速器原理 …………………………………… 11

第 2 章　混合动力变速器车辆特性的运动学和牵引动力学分析
　………………………………………………………………… 19
　2.1　配备 THS 变速器车辆的加速运动学 ………………… 19
　2.2　配备 THS 变速器车辆的制动 ………………………… 49
　2.3　配备通用汽车变速器车辆的加速 ……………………… 63
　2.4　配备通用汽车变速器车辆的制动 ……………………… 115

第 3 章　混合动力变速器车辆牵引电机的选择 ……………… 133

参考文献 ……………………………………………………… 159

1. КИНЕМАТИЧЕСКИЕ СХЕМЫ ГИБРИДНЫХ ТРАНСМИССИЙ

混合动力变速器的运动学原理

1

КИНЕМАТИЧЕСКИЕ СХЕМЫ ГИБРИДНЫХ ТРАНСМИССИЙ

1.1 Схема фирмы Toyota

Первая серийно выпускаемая гибридная трансмиссия—транс-миссия с разделением мощности ДВС, называемая Toyota Hybrid System (THS), — используется в автомобилях Toyota Prius [1]. Фак-тически THS представляет собой механизм, в котором мощность передается от ДВС на ведомый вал трансмиссии двумя потоками (механическим и электрическим) независимо от того, потребляется или не потребляется энергия аккумуляторных батарей. THS позво-ляет бесступенчато изменять передаточное отношение трансмиссии, но для этого необходимы две электромашины.

Разработаны три поколения трансмиссии THS. Трансмиссия автомобиля Toyota Prius имеет четыре вала (рис. 1.1) [3, 4]. В этой компоновке электромашина В непосредственно через большое центральное колесо (БЦК) планетарного ряда соединена с главной передачей.

Для автомобилей Toyota RX 400h, Highlander и Camry HV ис-пользуется несколько иная кинематическая схема (рис. 1.2) [3, 4]. В этой компоновке трансмиссия имеет только три вала. Кроме то-го, установлен второй, дополнительный, планетарный ряд, кото-рый расположен между электромашиной В и основным планетар-ным рядом. Малое центральное колесо (МЦК) дополнительного ряда соединено с электромашиной В, водило постоянно замкнуто на картер, а БЦК выполнено за одно целое с БЦК основного пла-нетарного ряда. Таким образом, дополнительный планетарный ряд работает в режиме редуктора, соответствующим образом изменяя крутящий момент и частоту вращения электромашины В.

第 1 章

混合动力变速器的运动学原理

1.1 丰田汽车变速器原理

丰田普锐斯（Prius）车型使用了第一个商用发动机功率分流混合动力变速器，称为丰田混合动力系统（THS）[1]。事实上，THS 是一种不管是否消耗动力电池组能量，动力都以两路（机械和电力）从发动机传递到变速器输出轴的工作机制。THS 可以无级地改变变速器的传动比，但需要两台电机。

至今，THS 变速器已经开发了三代。Prius 的变速器有 4 个轴，如图 1-1 所示[3,4]。在该构型中，电机 B 通过行星齿轮组的齿圈直接连接到主减速器。

对于丰田 RX 400h、汉兰达和凯美瑞 HV 等车型，使用了稍微不同的运动学方案，如图 1-2 所示[3,4]。在该构型中，变速器只有 3 个轴。此外，在电机 B 和主行星齿轮排之间设计了 1 个附加行星齿轮排。附加行星齿轮排的太阳轮连接到电机 B，行星架与箱体固定，而齿圈与主行星排的齿圈构成一体。因此，附加行星齿轮排在减速器模式下运转，相应地改变电机 B 的转矩和转速。

АНАЛИЗ И ПРОЕКТИРОВАНИЕ ГИБРИДНЫХ ТРАНСМИССИЙ ТРАНСПОРТНЫХ СРЕДСТВ НА ОСНОВЕ ПЛАНЕТАРНЫХ МЕХАНИЗМОВ

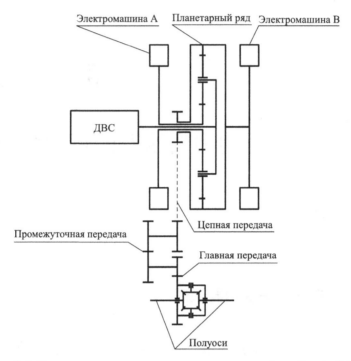

Рис. 1.1. Кинематическая схема трансмиссии авто-мобиля Toyota Prius

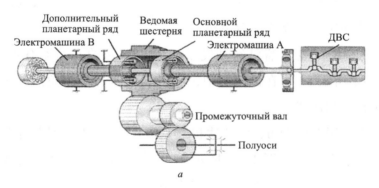

Рис. 1.2. Разрез Toyota RX 400h, Highlander и Camry HV

(а) и кинематическая схема

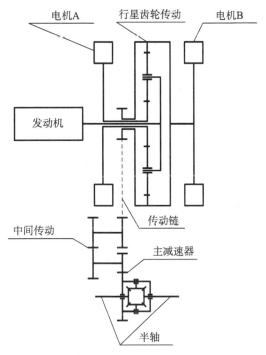

图1-1 丰田普锐斯混合动力变速器运动学原理图

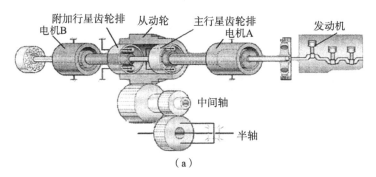

(a)

图1-2 丰田 RX 400h、汉兰达和凯美瑞 HV 车辆变速器
(a) 剖面图

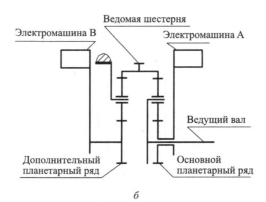

Рис. 1. 2. Разрез Toyota RX 400h, Highlander и Camry HV
(б) трансмиссии автомобилей

Для автомобиля Lexus GS450h потребовалось совершенно новое компоновочное решение. Это было обусловлено не только распо-ложением ДВС и приводом на задние колеса, но и необходимостью достижения высоких эксплуатационных характеристик. Проектиро-вание трансмиссии с учетом габаритов шестискоростных автомати-ческих трансмиссий, ранее устанавливаемых на эти автомобили, потребовало уменьшения диаметра электромашин при увеличении их максимальной мощности. Принятое решение иллюстрируется рис. 1. 3, а, а на рис. 1. 3, б представлен поперечный разрез этой трансмиссии [3].

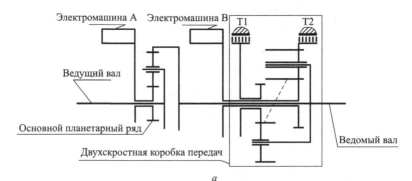

Рис. 1. 3. Кинематическая схема Lexus GS 450h (T1, T2—тормоза)
(а) и разрез

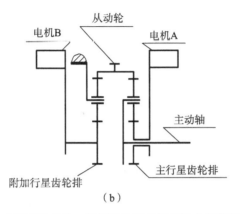

图 1-2　丰田 RX 400h、汉兰达和凯美瑞 HV 车辆变速器（续）

（b）运动学示意图

对于雷克萨斯（Lexus）GS 450h 车型，因为发动机的位置和后轮驱动方式以及需要具备较高的性能，这就需要全新的构型。考虑到之前安装在这些车辆上六挡自动变速器的尺寸，要求变速器的设计在新增电机最大功率的同时减小其直径。所采用的解决方案如图 1-3（a）所示，而图 1-3（b）给出了该变速器的横截面图[3]。

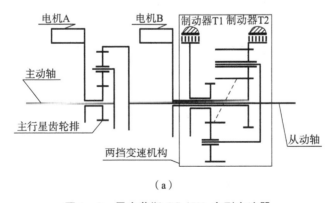

图 1-3　雷克萨斯 GS 450h 车型变速器

（a）运动学示意图

АНАЛИЗ И ПРОЕКТИРОВАНИЕ ГИБРИДНЫХ ТРАНСМИССИЙ ТРАНСПОРТНЫХ СРЕДСТВ НА ОСНОВЕ ПЛАНЕТАРНЫХ МЕХАНИЗМОВ

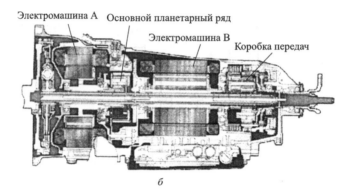

Рис. 1.3. Кинематическая схема Lexus GS 450h (Т1, Т2—тормоза)

(б) трансмиссии автомо-биля

В трансмиссии автомобиля Lexus GS 450h электромашина В соединена с БЦК основного планетарного ряда с помощью двух-скоростной планетарной коробки передач, построенной по схеме Равенье. Обе передачи этой коробки понижающие, на первой пе-редаче передаточное отношение равно 3,9, а на второй—1,9 [3, 4]. Переключение с первой передачи на вторую происходит при ско-рости движения автомобиля приблизительно 80 км/ч. Такое реше-ние позволило спроектировать трансмиссию, которая по габаритам вписывается в существующую платформу автомобиля и позволяет передавать большую мощность.

Во всех гибридных трансмиссиях фирмы Toyota использованы синхронные электромашины переменного тока с постоянными магнитами. В таблице представлены характеристики этих элек-тромашин [3].

Таблица

Электро-машина	Параметр				
	Номи-нальная мощность, кВт	Максималь-ная частота вращения, об/мин	Номи-нальный момент, Н×м	Время разгона до 60 миль/ч, с	Макси-мальное напря-жение, В
Prius	50	6 700	400	10,1	500
Camry HV	105	12 400	270	8,5	650
RX 400h/Highlander	123	12 400	333	6,9	650
GS 450h	147	14 400	275	5,2	650

第1章 混合动力变速器的运动学原理　9

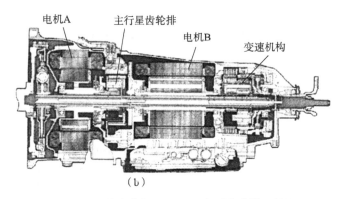

（b）

图1-3　雷克萨斯 GS 450h 车型变速器（续）

（b）剖面图

在雷克萨斯 GS 450h 车型的变速器中，电机 B 通过按照 Ravenier 方案制造的两挡行星齿轮箱，连接到主行星齿轮排的齿圈。这个变速箱的2个挡都是减速挡，一挡的传动比为3.9，二挡的传动比为1.9[3,4]。当车速约为80 km/h时，挡位从一挡切换到二挡。

上述方案可以通过设计得到匹配现有车辆平台尺寸的变速器，并可传输更高的功率。

所有丰田汽车的混合动力变速器中都使用了永磁交流同步电机。表1-1中给出了这些电机的特性[3]。

表1-1　永磁交流同步电机参数表

电机	参数				
	额定功率/kW	最高转速/(r·min^{-1})	额定力矩/Nm	0 到 96.6 km/h 加速时间/s	最高电压/V
普锐斯	50	6 700	400	10.1	500
凯美瑞 HV	105	12 400	270	8.5	650
RX 400h/汉兰达	123	12 400	333	6.9	650
雷克萨斯 GS 450h	147	14 400	275	5.2	650

1.2. Схемы трансмиссий фирмы GM

В 2003 г. фирма GM разработала гибридную трансмиссию, в которой реализуются два режима бесступенчатого регулирования передаточного отношения:

1) режим с разделением потока мощности ДВС на входе в трансмиссию;

2) режим со сложным способом разделения мощности ДВС. Для разделения мощности ДВС были использованы планетар-ный механизм, состоящий из трех планетарных рядов, и два фрик-ционных элемента управления (рис. 1.4) [5, 6]. Планетарный меха-низм этой трансмиссии обладает тремя степенями свободы.

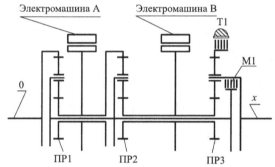

Рис. 1.4. Кинематическая схема двухрежимной гибридной трансмиссии фирмы **GM**:
ПП1—ПР3—планетарные ряды; М1—муфта

Отметим, что такая схема полностью удовлетворяет всем тре-бованиям, которые предъявляются к гибридным трансмиссиям. Движение можно начинать с использованием только энергии ак-кумуляторной батареи или только мощности ДВС.

В случае разгона лишь за счет энергии аккумуляторов должен быть включен тормоз Т1 (см. рис. 1.4), а напряжение подается только на электромашину B, в результате частота ее вращения на-чинает увеличиваться от нулевого значения. При этом электрома-шина А должна оставаться в нейтральном положении, т. е. свобод-но вращаться. Затем при определенной скорости заводится ДВС, электромашина А переводится в активный режим работы, и трансмиссия начинает работать в режиме разделения мощности ДВС на входе. При

1.2 通用汽车变速器原理

2003年,通用汽车开发了一种混合动力变速器,它具有两种无级传动比控制模式:

①在变速器输入端发动机功率分流模式。

②发动机功率综合分配模式。为了分配发动机的功率,使用了由3个行星齿轮排和2个摩擦控制元件构成的行星机构(图1-4)[5,6]。这种变速器的行星机构具有3个自由度。

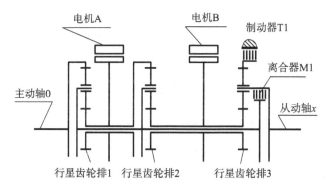

图1-4 通用汽车双模式混合动力变速器运动学原理图

需要指出,这样的方案完全满足混合动力变速器的所有需求,即仅使用动力电池组的能量,或仅使用发动机的动力,就可以驱动行驶。

在仅依靠动力电池组能量加速的情况下,必须结合制动器T1(图1-4),动力电池组仅向电机B提供电功率,电机B转速从零开始增大。在这种情况下,电机A必须保持在空转位置,即自由转动。

之后,在达到一定的车速时,发动机启动,电机A切换到主动运行模式,变速器进入发动机功率分流模式。在车辆达到一定速度

некоторой скорости транспортного средства происходит переход на второй режим работы, для которого харак-терно сложное разделение мощности ДВС. Выключается тормоз Т1, и включается блокировочная муфта М1.

Двухрежимная трансмиссия стала основой для создания гиб-ридной трансмиссии с двумя режимами бесступенчатого регули-рования передаточного отношения и четырьмя фиксированными передаточными отношениями. Такая трансмиссия позволила сни-зить токсичность выхлопных газов и расход топлива без снижения КПД и эксплуатационных качеств транспортного средства. Кине-матическая схема планетарного механизма в этой трансмиссии осталась такой же, как в простой двухрежимной гибридной транс-миссии, были только добавлены тормоз Т2 и блокировочная муфта М2 (рис. 1.5). Использование дополнительных элементов управле-ния позволило организовать четыре передачи переднего хода с фиксированными передаточными отношениями и таким образом повысить КПД трансмиссии и ее эффективность, особенно при выполнении таких маневров, как разгон с большим ускорением, движение на подъеме и в режиме буксирования.

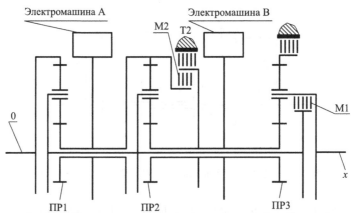

Рис. 1.5. Кинематическая схема двухрежимной гибридной трансмиссии фирмы GM с четырьмя фиксированными пере-дачами

Использование четырех фиксированных передаточных отно-шений позволило получить следующие преимущества [5, 6].

1. Электромашины могут быть освобождены от необходимости пе-редавать максимальную часть мощности ДВС, поскольку их можно использовать только в режимах бесступенчатого изменения переда-точного отношения трансмиссии, при реализации которых развиваемая ДВС мощность меньше ее максимального значения. Максимальную же мощность ДВС должен развивать при движении с фиксированным передаточным отношением. В трансмиссии происходит переход на режим движения с фиксированным передаточным отношением всякий раз, когда мощность, передаваемая

时，会切换到第二种发动机功率综合分配的运行模式。T1 制动器断开，M1 离合器接合。

双模式变速器是构建具有双模式无级传动比和 4 个固定传动比的混合动力变速器的基础。这种变速器可以在不降低车辆效率和使用性能的情况下，减少废气排放和燃油消耗。这种变速器中行星齿轮结构的运动学图，与简单双模式混合动力变速器相同，只是增加了制动器 T2 和离合器 M2，如图 1-5 所示。使用附加的控制元件，可以设计 4 个具有固定传动比的前进挡，从而提高变速器传动比及其效率，尤其是提高车辆急加速、爬坡和驱动等性能。

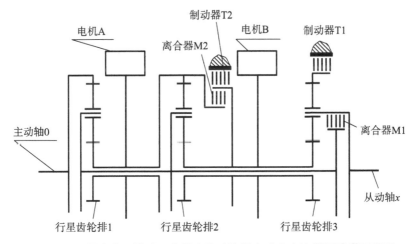

图 1-5　通用汽车双模式 4 个固定传动比混合动力变速器运动学原理图

使用 4 个固定传动比可以获得如下优势[5,6]：

①电机功率可以不必按传递发动机最大功率选取，因为电机只用于变速器无级传动的工况，此时发动机输出的功率小于其最大值。当车辆以固定传动比行驶时，发动机必须发挥其最大功率。每当电机传输的功率超过极限值时，变速器就切换到固定传动比驱动工况。因此，可不使用电机过高功率的运行工况，这就使得变速器与大功

электромашинами, превышает предельное значение. Таким образом, можно не задействовать режимы работы, при которых требуется чрезмерно большая мощность электромашин, а использовать электромашины небольших размеров при работе трансмиссии с ДВС большой мощности.

2. Трансмиссия может переходить на режим с фиксированными передаточными отношениями всякий раз, когда электромашины перегреваются. То есть, если температура одной из электромашин достигает критического значения, то система управления может выводить трансмиссию из режима бесступенчатого регулирования передаточного отношения и устанавливать режим движения только с фиксированными передаточными отношениями.

率发动机配合时，可选用小尺寸的电机。

②每当电机过热时，变速器都可以切换为固定传动比工况。也就是说，如果其中一台电机的温度达到临界值，则控制系统可以将变速器从无级传动比工况断开，只接通固定传动比的驱动工况。

2. КИНЕМАТИЧЕСКИЙ И ТЯГОВО-ДИНАМИЧЕСКИЙ АНАЛИЗ ХАРАКТЕРИСТИК ТРАНСПОРТНОГО СРЕДСТВА С ГИБРИДНЫМИ ТРАНСМИССИЯМИ

第 2 章

混合动力变速器车辆特性的运动学和牵引动力学分析

2

КИНЕМАТИЧЕСКИЙ И ТЯГОВО-ДИНАМИЧЕСКИЙ АНАЛИЗ ХАРАКТЕРИСТИК ТРАНСПОРТНОГО СРЕДСТВА С ГИБРИДНЫМИ ТРАНСМИССИЯМИ

2.1. Разгон транспортного средства с трансмиссией THS

Планетарный механизм трансмиссии THS, кинематическая схема которой представлена на рис. 1.1, состоит всего из одного планетарного ряда и, следовательно, обладает двумя степенями свободы. План угловых скоростей для этого механизма показан на рис. 2.1.

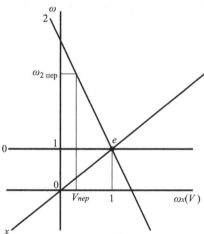

Рис. 2.1. План угловых скоростей трансмиссии автомобиля Toyota Prius (e – масштабная точка)

第 2 章

混合动力变速器车辆特性的运动学和牵引动力学分析

2.1 配备 THS 变速器车辆的加速运动学

如图 1-1 运动学原理图所示，THS 变速器行星传动机构仅由一个行星齿轮排构成，因此具有 2 个自由度。丰田普锐斯车型配备了该机构，其转速平面图如图 2-1 所示。

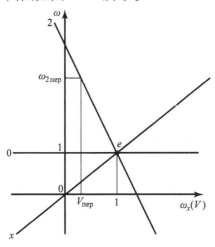

图 2-1 丰田普锐斯车型变速器转速平面图（e - 标度点）

Связь угловых скоростей звеньев, входящих в состав одного планетарного ряда, описывается достаточно просто [7]:

$$\omega_0 - i_{2x}\omega_0 = \omega_2 - i_{2x}\omega_x \qquad (2.1)$$

где i_{2x} —внутреннее передаточное отношение планетарного ряда, определенное при остановленном водиле; ω_0 —частота вращения водила (в данном случае вала ДВС); ω_2 —частота вращения МЦК планетарного ряда или электромашины A; ω_x —частота вращения БЦК или ведомой шестерни x и электромашины B.

Рассмотрим кинематику разгона транспортного средства с трансмиссией THS (см. рис. 1.1). Пусть начало движения осуществляется только за счет энергии аккумуляторных батарей при нера-ботающем ДВС. В этом случае энергия аккумуляторных батарей подается на электромашину B, а электромашина A должна в это время находиться в нейтральном состоянии, т. е. свободно вра-щаться. Таким образом, энергия, потребляемая от аккумуляторных батарей с помощью электромашины B, поступает непосредственнона ведомую шестерню x и далее через промежуточную и главную передачи подводится к ведущим колесам транспортного средства.

При неподвижном вале ДВС частота вращения электромашины A на основании уравнения (2.1) определятся только частотой вра-щения электромашины B или ведомой шестерни x:

$$\omega_2 = i_{2x}\omega_x = i_{2x}\frac{V i_{\text{пр}} i_{\text{г.п}}}{R_{\text{к}}}$$

где V—скорость транспортного средства; $i_{\text{пр}}$ —передаточное от-ношение промежуточной передачи; $i_{\text{г.п}}$ —передаточное отношение главной передачи; $R_{\text{к}}$—радиус качения ведущего колеса.

Поскольку в трансмиссии используется планетарный ряд вто-рого класса, внутреннее передаточное отношение которого, опре-деленное при остановленном водиле, является величиной отрица-тельной, то, считая направление вращения ведомой шестерни x положительным, можно отметить, что величина ω_2 при этом будет иметь отрицательное значение.

При определенной скорости движения транспортного средства происходит запуск ДВС и он начинает работать с какой-то устано-вившейся частотой вращения ω_0. При этом частота вращения элек-тромашины A должна, в соответствии с уравнением (2.1), изме-ниться:

$$\omega_{2\text{пер}} = (1 - i_{2x})\omega_0 + i_{2x}\frac{V_{\text{пер}} i_{\text{пр}} i_{\text{г.п}}}{R_{\text{к}}}$$

где $V_{\text{пер}}$—скорость транспортного средства, при которой осущест-вляется запуск ДВС.

Из полученной зависимости ясно, что частота вращения элек-тромашины A должна измениться на величину $(1 - i_{2x})\omega_0$.

第 2 章 混合动力变速器车辆特性的运动学和牵引动力学分析

行星齿轮排元件之间的转速关系如式（2-1）所示[7]：

$$\omega_0 - i_{2x}\omega_0 = \omega_2 - i_{2x}\omega_x \quad (2-1)$$

式中，i_{2x} 为行星架不动时行星齿轮排的内传动比；ω_0 为行星架的转速（和发动机输出轴转速相等）；ω_2 为行星齿轮排太阳轮或电机 A 的转速；ω_x 为齿圈或从动齿轮 x 和电机 B 的转速。

下面分析一下配备 THS 变速器车辆的加速运动学（图 1-1）。当发动机不工作时，开始行驶仅由动力电池组的能量驱动。在这种情况下，动力电池组的能量供给电机 B，此时电机 A 必须处于空挡状态，即自由转动。因此，需要的动力电池组能量通过电机 B，直接进入从动齿轮 x，然后通过中间传动和主传动传递到车辆的驱动轮。

对于静止的发动机轴，电机 A 的转速基于式（2-1），仅由电机 B 或从动齿轮 x 的转速确定：

$$\omega_2 = i_{2x}\omega_x = i_{2x}\frac{Vi_{\text{пp}}i_{\text{г.п}}}{R_{\text{к}}}$$

式中，V 为车速；$i_{\text{пp}}$ 为中间传动的传动比；$i_{\text{г.п}}$ 为主传动的传动比；$R_{\text{к}}$ 为驱动轮的滚动半径。

由于该变速器采用二类行星齿轮排，其内齿轮传动比在行星齿轮架静止时为负值，那么考虑到从动齿轮的旋转方向 x 为正，可以得到此时 ω_2 的值将为负。

在车辆行驶达到一定速度时，发动机启动并开始以设定转速 ω_0 运转。在这种情况下，电机 A 的转速应按照式（2-1）而变化：

$$\omega_{2\text{пep}} = (1 - i_{2x})\omega_0 + i_{2x}\frac{V_{\text{пep}}i_{\text{пp}}i_{\text{г.п}}}{R_{\text{к}}}$$

式中，$V_{\text{пep}}$ 为发动机启动时的车速。

从上述关系式可以看出，电机 A 的转速改变量应该为 $(1-i_{2x})\omega_0$。

АНАЛИЗ И ПРОЕКТИРОВАНИЕ ГИБРИДНЫХ ТРАНСМИССИЙ ТРАНСПОРТНЫХ СРЕДСТВ НА ОСНОВЕ ПЛАНЕТАРНЫХ МЕХАНИЗМОВ

При работающем ДВС регулирование скорости транспортногосредства V осуществляется за счет изменения частоты вращения электромашины А (ω_2). Используя уравнение (2.1), нетрудно определить, что

$$V = \frac{R_{\text{к}}}{i_{\text{пр}} i_{\text{г.п}} i_{2x}} \omega_2 - \frac{(1 - i_{2x}) R_{\text{к}}}{i_{\text{пр}} i_{\text{г.п}} i_{2x}} \omega_0$$

Анализ этой зависимости показывает, что при постоянной частоте вращения вала ДВС увеличение скорости транспортного средства возможно только за счет уменьшения частоты вращения электромашины А, что очевидно и из плана угловых скоростей (см. рис. 2.1). При этом, если значение $\omega_{2\text{пер}} > 0$, то вполне возможно такое уменьшение значения частоты вращения ω_2 электромашины А, при котором оно вновь станет отрицательным (см. рис. 2.1).

Изменение направления вращения электромашины А говорит о том, что она переходит из генераторного режима работы в режим работы ДВС. При этом электромашина В также изменяет свою функцию и начинает работать как генератор. Распределение моментов по элементам трансмиссии, а также потоков мощности для случая, когда электромашина А работает в режиме генератора, представлено на рис. 2.2, а на рис. 2.3 даны те же характеристики, но для случая работы электромашины А в режиме двигателя. В случае необходимости к мощности, развиваемой ДВС, может быть добавлена энергия аккумуляторных батарей Nа.б, что соответствующим образом отражено на схемах распределения потоков мощности (см. рис. 2.2 и 2.3). На рисунках приняты следующие обозначения:

M_0 и N_0 — момент и мощность, развиваемые ДВС;

бРис. 2.2. Схема нагруженности звеньев (а) и распределение потоков мощности (б) в трансмиссии автомобиля Toyota Prius (электромашина А — генератор; электромашина В — двигатель)

M_A и N_A — момент и мощность, развиваемые электромашиной А;

当发动机运转时，通过改变电机 A 的转速（ω_2）来控制车速 V。使用式（2-1），很容易确定，即

$$V = \frac{R_{\text{к}}}{i_{\text{пр}} i_{\text{г.п}} i_{2x}} \omega_2 - \frac{(1 - i_{2x}) R_{\text{к}}}{i_{\text{пр}} i_{\text{г.п}} i_{2x}} \omega_0$$

对这一关系式的分析表明，在发动机输出轴转速恒定的情况下，只有通过降低电机 A 的转速才能提高车辆的速度，这从转速平面图（图 2-1）中也可以明显看出。此时，如果值 $\omega_{2\text{пер}} > 0$，那么很有可能可以减小电机 A 的转速 ω_2 的值，此时它又变为负值（图 2-1）。

电机 A 旋转方向的改变，表明它正在从发电机运行工况切换到电动机运行工况。在这种情况下，电机 B 也改变其功能，开始进入发电机工况。当电机 A 在发电机工况下运行时，变速器各元件上的元件负载和功率分配如图 2-2 所示。图 2-3 给出的是电机 A 在电动机模式下运行的情况。如有必要，可将动力电池组的能量和发动机产生的功率共同输出，相应地反映在功率分配图中（图 2-2 和图 2-3）。

在图中采用以下标识：M_0 和 P_0 分别为发动机产生的力矩和功率；M_A 和 P_A 分别为电机 A 产生的转矩和功率；M_B 和

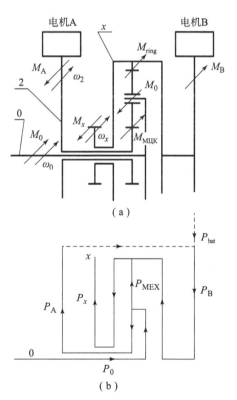

图 2-2 丰田普锐斯车型变速器中电机 A 在发电机工况下的元件负载和功率分配图

（a）元件负载；（b）功率分配

电机 A—发电机；电机 B—电动机

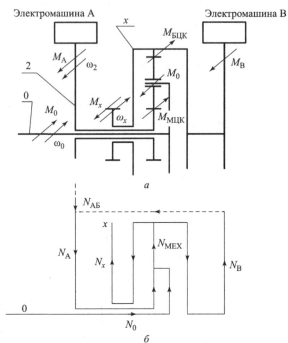

Рис. 2.3. Схема нагружен-б ности звеньев
(а) и рас-пределение потоков мощ-ности (б) в трансмиссии автомобиля Toyota Prius (электромашина А—дви-гатель; электромашинаВ—генератор)

$M_\text{В}$ и $N_\text{В}$ — момент и мощность, развиваемые электромашиной В;

M_x и N_x — момент и мощность на ведомой шестерне;

$N_\text{а.б}$ — мощность, поступающая в трансмиссию от аккумуля-торной батареи;

$N_\text{мех}$ — мощность, проходящая через механическую часть трансмиссии (БЦК планетарного ряда);

$M_\text{МЦК}$ и $M_\text{БЦК}$ — моменты соответственно на малом и большом центральных колесах планетарного ряда;

ω_0, ω_2 и ω_x — частота вращения соответственно вала ДВС, МЦК и БЦК.

Проведем анализ тягово-динамических характеристик некото-рого транспортного средства, техническая характеристика которо-го представлена ниже, с двигателем ВАЗ 21114-60, внешняя харак-теристика которого представлена на рис. 2.4, и оборудованного гибридной трансмиссией, построенной по кинематической схеме трансмиссии THS.

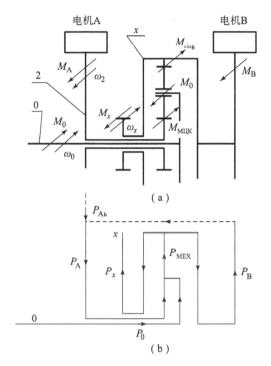

图 2-3 丰田普锐斯车型变速器中的元件负载和
功率分配图

（a）元件负载；（b）功率分配

电机 A—电动机；电机 B—发电机

P_B 分别为电机 B 产生的力矩和功率；M_x 和 P_x 分别为从动齿轮上的转矩和功率；$P_{Aъ}$ 为从动力电池组提供给变速器的功率；P_{MEX} 为通过变速器机械通路的功率（行星齿轮组齿圈）；$M_{МЦК}$ 和 $M_{БЦК}$ 分别为行星齿轮组的太阳轮和齿圈上的力矩；ω_0、ω_2 和 ω_x 分别对应发动机、太阳轮和齿圈的转速。

下面分析某车辆的牵引力和动力特性，其技术特性如表 2-1 所示。采用 BA3 21114-60 发动机，发动机外特性曲线如图 2-4 所示，并配备基于 THS 变速器运动学的混合动力变速器。

АНАЛИЗ И ПРОЕКТИРОВАНИЕ ГИБРИДНЫХ ТРАНСМИССИЙ ТРАНСПОРТНЫХ СРЕДСТВ НА ОСНОВЕ ПЛАНЕТАРНЫХ МЕХАНИЗМОВ

Техническая характеристика автомобиля ВАЗ «Калина»

Снаряженная масса m, кг	1150
Полная масса, кг	1545
Тип ДВС	R-4
Рабочий объем ДВС V_p, л	1,6
Максимальная мощность N_{max}, кВт	57
Максимальный крутящий момент M_{max}, Н·м	125
Частота вращения вала ДВС, об/мин:	
при максимальной мощности n_N	6000
при максимальном моменте n_M	2500
Рабочий цикл	Otto
Площадь поперечного сечения автомобиля F, м²	2,05
Коэффициент аэродинамического сопротивления c_x	0,4
Динамический радиус качения колес $R_к$	0,275
Коэффициент сопротивления качению колес f_c	0,0045
Общее передаточное отношение промежуточной и главной передач $i_{г.п}$	3,7

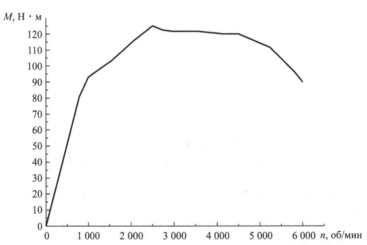

Рис. 2.4. Внешняя характеристика двигателя ВАЗ 21114-60

При анализе тягово-динамических характеристик предполагалось, что в гибридной трансмиссии используются две одинаковые электромашины, такие же, что и в трансмиссии автомобиля Toyota Prius. Внешняя характеристика

表 2-1 BA3 "卡丽娜"汽车的技术特性

整备质量 m	1 150 kg
总质量	1 545 kg
发动机类型	R-4
发动机排量 V_p	1.6 L
最大功率 N_{max}	57 kW
最大扭矩 M_{max}	125 Nm
发动机输出轴最高转速 n_N	6 000 r/min
发动机最大扭矩时的转速 n_M	2 500 r/min
汽车横截面积 F	2.05 m²
风阻系数 c_X	0.4
车轮动态滚转半径 $R_к$	0.275
车轮滚动阻力系数 f_c	0.004 5
中间传动和主传动的总传动比 $i_{r.n}$	3.7

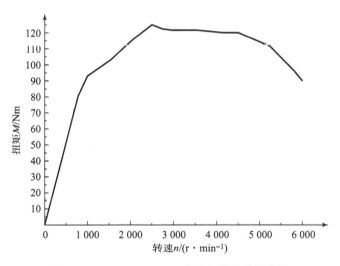

图 2-4 BA3 21114-60 发动机的外特性曲线

在分析牵引力和动态特性时,假设混合动力变速器使用两台相同的电机,与丰田普锐斯的变速器相同。这些电机的外特性曲线如

этих электромашин представлена на рис. 2.5, а основные их параметры приведены ниже:

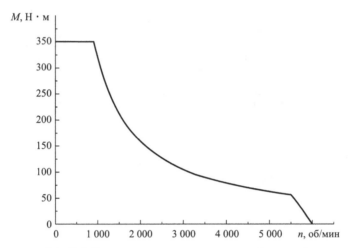

Рис. 2.5. Внешняя характеристика электромашин

Номинальная мощность $N_{э\,max}$, кВт 33
Крутящий момент максимальный Мэ max, Н × м 350
Частота вращения максимальная nэ max, об/мин 6000
Частота вращения минимальная nэ min, об/мин 600
КПД одной электромашины совместно с системой управления hэ 0,85

В трансмиссии используется только один планетарный ряд (см. рис. 1.1) с внутренним передаточным отношением $i_{2x} = -2,6$ [4].

Для расчета динамического фактора транспортного средства необходимо иметь зависимость КПД трансмиссии от ее переда-точного отношения. Воспользуемся известным методом, разрабо-танным М. А. Крейнисом и М. С. Розовским [7]. В соответствии с этим методом КПД сложной передачи η_{0x} определяется соотноше-нием

$$\eta_{0x} = \frac{\tilde{i}_{0x}}{i_{0x}}$$

где i_{0x} 为 — кинематическое передаточное отношение сложной пере-дачи; $\tilde{i}_{0x}$ — силовое передаточное отношение сложной передачи.

图 2-5 所示,参数如表 2-2 所示。

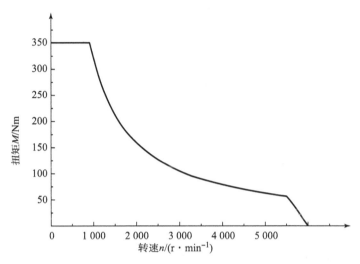

图 2-5 电机的外特性曲线

表 2-2 电机参数表

额定功率 $P_{э\,max}$	33 kW
最大转矩 $M_{э\,max}$	350 Nm
最高转速 $n_{э\,max}$	6 000 r/min
最低转速 $n_{э\,min}$	600 r/min
单台电机(含控制系统)效率 η_e	0.85

变速器仅使用一个内部传动比为 $i_{2x} = -2.6$ 的行星齿轮排(图 1-1)[4]。

为了计算车辆的动力因数,必须要有变速器效率与其传动比的关系式。我们将使用由克列伊尼斯和罗佐夫斯基制定的常用方法[7]。根据这种方法,综合传动效率 η_{0x} 由如下关系式确定:

$$\eta_{0x} = \frac{\tilde{i}_{0x}}{i_{0x}}$$

式中,i_{0x} 为综合传动的运动学传动比;$\tilde{i}_{0x}$ 为综合传动的动力学传动比。

Силовое передаточное отношение в соответствии с [7] определяется той же зависимостью, что и кинематическое, только в ней внутренние кинематические передаточные отношения заменяются внутренними силовыми передаточными отношениями.

При расчетах КПД трансмиссий были приняты следующие допущения:
- КПД электромашин постоянны;
- КПД одной электромашины ($\eta_э$) равен 0,85;
- КПД планетарного ряда, определенный при остановленном водиле, равен 0,97.

Преобразуем полученное ранее уравнение кинематической связи звеньев планетарного ряда (2.1) к виду

$$(1 - i_{2x})\omega_0 = \omega_x(i_э - i_{2x})$$

где $i_э = \omega_2/\omega_x$ — передаточное отношение электрической части трансмиссии (является величиной переменной).

Таким образом, кинематическое передаточное отношение между ведущим валом 0 и ведомой шестерней x

$$i_{0x} = \frac{\omega_0}{\omega_x} = \frac{i_э - i_{2x}}{1 - i_{2x}}$$

Заменив в полученной зависимости внутренние кинематические передаточные отношения ($i_э$ и i_{2x}) на силовые, получим функцию, определяющую силовое передаточное отношение этой передачи:

$$\tilde{i}_{0x} = \frac{i_э \eta_э^{Y_1} - i_{2x}\eta_{2x}^{Y_2}}{1 - i_{2x}\eta_{2x}^{Y_2}}$$

где $\eta_э = \eta_A \eta_B$ —КПД электрической части трансмиссии; η_A —КПД электромашины А; η_B —КПД электромашины B; η_{2x} —КПД планетарного ряда, определенный при остановленном водиле; Y_1 и Y_2 —показатели степени соответствующих КПД, которые могут иметь только два значения: $+1$ и -1.

Для определения знака показателя степени КПД в [7] разработаны специальные правила, одним из которых мы и воспользуемся.

Определим знак показателя степени КПД электрической части трансмиссии Y_1:

$$\text{sign}(Y_1) = \text{sign}\left(\frac{i_э}{i_{0x}}\frac{\partial i_{0x}}{\partial i_э}\right) \qquad (2-2)$$

Для определения знака показателя степени КПД необходимо найти частную производную от общего кинематического передаточного отношения передачи по кинематическому передаточному отношению электрической части трансмиссии:

动力学传动比采用与运动学相同的关系式确定,只是在式中内部运动学传动比被内部动力学传动比替代[7]。

在计算传动效率时,作以下假设:

①电机的效率恒定;

②单台电机的效率 $\eta_э$ 为 0.85;

③固定行星架时,行星齿轮排的效率系数为 0.97。

将式(2-1)所示的行星齿轮排的运动学关系方程转换为如下形式:

$$(1 - i_{2x})\omega_0 = \omega_x(i_э - i_{2x})$$

式中,$i_э = \omega_2/\omega_x$,为变速器电气部分的传动比(是一个可变值)。

因此,驱动轴 0 和从动齿轮 x 之间的运动学传动比为:

$$i_{0x} = \frac{\omega_0}{\omega_x} = \frac{i_э - i_{2x}}{1 - i_{2x}}$$

将得到的内部运动学传动比关系式(即 $i_э$ 和 i_{2x})用动力学传动比替代,就得到确定该传动系统动力学传动比的函数:

$$\tilde{i}_{0x} = \frac{i_э \eta_э^{Y_1} - i_{2x}\eta_{2x}^{Y_2}}{1 - i_{2x}\eta_{2x}^{Y_2}}$$

式中,$\eta_э = \eta_A \eta_B$,为变速器电气部分的效率系数;η_A 为电机 A 的效率;η_B 为电机 B 的效率;η_{2x} 为固定行星架时行星齿轮排的效率;Y_1 和 Y_2 分别为相应效率系数的指数,它们只能有两个值:+1 和 -1。

为了确定参考文献[7]中效率指数的符号,制定了许多特殊规则,下面对二者之一进行分析。

确定变速器电气部分效率指数的符号 Y_1:

$$\text{sign}(Y_1) = \text{sign}\left(\frac{i_э}{i_{0x}} \frac{\partial i_{0x}}{\partial i_э}\right) \qquad (2-2)$$

为了确定效率指数的符号,需要找到变速器总运动学传动比相对于变速器电气部分运动学传动比的偏导数:

$$\frac{\partial i_{0x}}{\partial i_{\text{э}}} = \frac{1 - i_{2x}}{(1 - i_{2x})^2}.$$

Поскольку в трансмиссии используется планетарный механизм второго класса, то частная производная $\frac{\partial i_{0x}}{\partial i_{\text{э}}} > 0$.

Знак первого сомножителя в правой части выражения (2.2), при условии $i_{0x} > 0$, определяется знаком передаточного отношения электрической части трансмиссии. Если $i_{\text{э}} < 0$, то первый сомно-житель отрицателен, и, следовательно, отрицательным будет пока-затель степени КПД Y_1. В случае же, если $i_{\text{э}} > 0$, то $Y_1 > 0$.

Для определения знака показателя степени Y2 воспользуемся тем же правилом:

$$\text{sign}(Y_2) = \text{sign}\left(\frac{i_{2x}}{i_{0x}} \frac{\partial i_{0x}}{\partial i_{2x}}\right). \qquad (2-3)$$

Поскольку внутреннее передаточное отношение планетарного ря-да $i_{2x} < 0$, а $i_{0x} > 0$, то первый сомножитель в правой части выраже-ния (2.3) отрицателен.

Найдем теперь частную производную от общего кинематиче-ского передаточного отношения передачи по кинематическому передаточному отношению планетарного ряда:

$$\frac{\partial i_{0x}}{\partial i_{2x}} = \frac{i_{\text{э}} - 1}{(1 - i_{2x})^2}.$$

Несложный анализ этого выражения показывает:

если $i_{\text{э}} > 1$, то $\frac{\partial i_{0x}}{\partial i_{2x}} > 0$, а если $i_{\text{э}} < 1$, то $\frac{\partial i_{0x}}{\partial i_{2x}} < 0$.

Таким образом, знак показателя степени Y_2 определяется знаком передаточного отношения электрической части трансмиссии:

если $i_{\text{э}} < 0$, то $Y_2 > 0$,
если $0 < i_{\text{э}} < 1$, то $Y_2 < 0$,
если $i_{\text{э}} > 1$, то $Y_2 > 0$.

Используя полученные выше зависимости для определения моментов и частоты вращения звеньев, а также зависимость КПД от передаточного отношения трансмиссии, определим тягово-динамические характеристики транспортного средства с гибрид-ной трансмиссией, построенной по схеме THS, для трех вариантов разгона:

1) разгон только за счет энергии аккумуляторных батарей;
2) разгон только за счет мощности ДВС;

第 2 章 混合动力变速器车辆特性的运动学和牵引动力学分析

$$\frac{\partial i_{0x}}{\partial i_э} = \frac{1 - i_{2x}}{(1 - i_{2x})^2}$$

由于变速器使用二类行星齿轮排，则偏导数 $\frac{\partial i_{0x}}{\partial i_э} > 0$。

在 $i_{0x} > 0$ 的条件下，式（2-2）右侧第一个因子的符号由变速器电气部分传动比的符号决定。如果 $i_э < 0$，则第一个因子为负，因此效率系数的指数 Y_1 将为负。在同样情况下，如果 $i_э > 0$，则 $Y_1 > 0$。

为了确定指数 Y_2 的符号，我们使用相同的规则：

$$\text{sign}(Y_2) = \text{sign}\left(\frac{i_{2x}}{i_{0N}} \frac{\partial i_{0x}}{\partial i_{эN}}\right) \quad (2-3)$$

由于行星齿轮组的内传动比为 $i_{2x} < 0$，而 $i_{0x} > 0$，则式（2-3）右边第一个因子为负。

至此，求出变速器总运动学传动比相对于行星齿轮排运动学传动比的偏导数为：

$$\frac{\partial i_{0x}}{\partial i_{2x}} = \frac{i_э - 1}{(1 - i_{2x})^2}$$

对该表达式的简单分析表明：如果 $i_э < 1$，则 $\frac{\partial i_{0x}}{\partial i_{2x}} > 0$；如果 $i_э > 1$，则 $\frac{\partial i_{0x}}{\partial i_{2x}} < 0$。

因此，指数 Y_2 的符号由变速器电气部分传动比的符号决定：如果 $i_э < 0$，则 $Y_2 > 0$；如果 $0 < i_э < 1$，则 $Y_2 < 0$；如果 $i_э > 1$，则 $Y_2 > 0$。

使用上面获得的确定元件力矩和转速的关系式，以及变速器效率与传动比的关系式，可以确定基于 THS 方案的混合动力变速器车辆在 3 种加速情况下的牵引力动态特性：

① 仅靠动力电池组的能量加速；

② 仅使用发动机动力加速；

3) комбинированный разгон (на первом этапе используется только энергия аккумуляторных батарей, а на втором этапе, начинающемся при некоторой скорости транспортного средства, движение осуществляется только за счет использования мощности ДВС).

В случае разгона только за счет энергии аккумуляторных батарей зависимость динамического фактора D представляет собой несколько трансформированную за счет передаточного отношения промежуточной и главной передач характеристику электромашин (рис. 2.6).

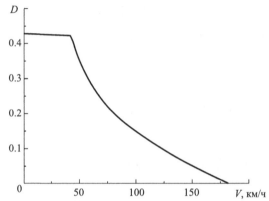

Рис. 2.6. Динамический фактор трансмиссии при разгоне транспортного средства только за счет энергии аккумуляторных батарей

Изменение динамического фактора для второго варианта разгона, когда мощность ДВС разделяется с помощью планетарного ряда на два потока (электрический и механический), происходит также по закону, весьма близкому к гиперболическому (рис. 2.7). Зависимости динамического фактора и КПД трансмиссии от скорости транспортного средства были получены для двух постоянных значений частоты вращения вала ДВС ($n_{ДВС}$ = 1000 об/мин и 1500 об/мин).

Отметим, что при таком варианте разгона транспортного средства частота вращения вала ДВС в начальный момент движения является величиной ограниченной. Это следует из анализа зависимости (2.1). Если принять частоту вращения ведомого вала $\omega_x = 0$, то получим

$$\omega_2 = (1 - i_{2x})\omega_0$$

Исходя из того, что максимальное значение частоты вращения используемых электромашин (ω_2^{max}) равно 5500 об/мин, получим

$$\omega_0 < \frac{\omega_2^{max}}{1 - i_{2x}} = \frac{5500}{1 + 2.6} = 1527 \text{ об/мин}.$$

На графике зависимости динамического фактора (рис. 2.7) видно, что

③复合加速（第一阶段只利用动力电池组的能量；第二阶段在一定车速下开始，只利用发动机的动力驱动）。

在仅使用动力电池组能量加速的情况下，动力因数 D 的关系式是电机在考虑中间传动和主传动传动比条件下的某种特性转换（图2-6）。

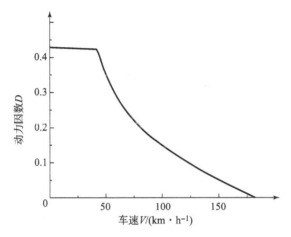

图2-6 仅使用动力电池组能量的车辆加速过程中变速器动力因数

当发动机的功率通过行星齿轮排分成两路（电力和机械）时，第二种加速方案动力因数的变化也是按照接近双曲线的规律变化（图2-7）。对于发动机输出轴转速的两个恒定值（$n_{eng} = 1\,000$ r/min 和 $1\,500$ r/min），得到其动力因数和传动效率与车速关系式。

需要指出，对于这种车辆的加速方案，发动机在运动初始时刻的转速是一个有限值，这是从对式（2-1）的分析得到的。如果取从动轴的转速 $\omega_x = 0$，则有

$$\omega_2 = (1 - i_{2x})\omega_0$$

由所用电机的最大转速值（ω_2^{max}）为 $5\,500$ r/min，得到

$$\omega_0 < \frac{\omega_2^{max}}{1 - i_{2x}} = \frac{5\,500}{1 + 2.6} = 1\,527 \text{ (r/min)}$$

在动力因数关系曲线（如图2-7所示）中，发动机-传动装置

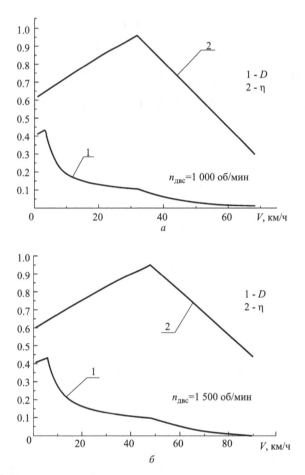

Рис. 2. 7. Динамический фактор трансмиссии при разгоне транспортного средства только за счет мощности ДВС

тяговые возможности моторно-трансмиссионной уста-новки ограниченны. Так, при частоте вращения вала ДВС 1000 об/мин скорость транспортного средства не будет превышать 60 км/ч, а при частоте вращения вала ДВС 1500 об/мин—80 км/ч. Дальнейшее увеличение скорости возможно только при увеличе-нии частоты вращения вала ДВС и, следовательно, развиваемого им момента.

На рис. 2. 8 показаны зависимости изменения развиваемой ДВС мощности ($N_{двс}$), проходящей через электрическую часть транс-миссии (электромашины А и В, соответственно N_A и N_B) и механи-ческую часть

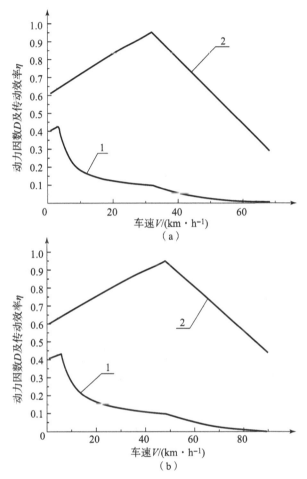

图 2-7 仅使用发动机动力条件下车辆在加速过程中的变速器动力因数及传动效率
(a) $n_{eng}=1\,000$ r/min; (b) $n_{eng}=1\,500$ r/min
1—D; 2—η

的牵引能力是有限的。因此,当发动机转速为 1 000 r/min 时,车速不会超过 60 km/h,而发动机转速为 1 500 r/min 时,为 80 km/h。只有增加发动机输出轴的转速以及由此产生的转矩,才有可能进一步提高车速。

图 2-8 给出了通过变速器电气通路(电机 A 和 B,分别为 P_A 和 P_B)和变速器机械通路(行星齿轮排齿圈 P_{MEX})的发动机输出功

трансмиссии (БЦК планетарного ряда, $N_{\text{мех}}$).

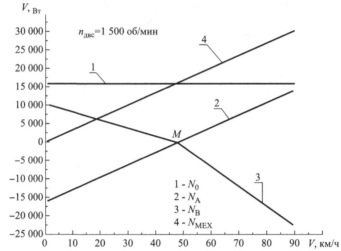

Рис. 2.8. Изменение мощности на ведомых валах агрегатов трансмиссии

На первом этапе разгона транспортного средства электрома-шина A работает в режиме генератора, а электромашина B — в режиме двигателя. Далее при определенной скорости, зависящей от частоты вращения вала ДВС, электромашины изменяют свои функции. При этом в момент смены режимов работы электрома-шин вся мощность ДВС передается только через механическую часть трансмиссии, т. е. трансмиссия на этом режиме работает с максимальным КПД (см. рис. 2.7). На рис. 2.8 это состояние обо-значено точкой M, которую принято называть механической точ-кой режима работы трансмиссии.

До механической точки (точка M) мощность, проходящая через электрическую часть трансмиссии, линейно уменьшается, что от-ражается на графике КПД. В механической точке КПД трансмис-сии достигает максимального значения, поскольку вся мощность ДВС в этом случае передается только механической частью трансмиссии. При дальнейшем увеличении скорости движения транспортного средства доля мощности ДВС, передаваемая элек-трической частью трансмиссии, начинает увеличиваться, что при-водит к уменьшению КПД всей трансмиссии.

Таким образом, для указанного режима движения транспорт-ного средства (разгон с постоянной частотой вращения вала ДВС) высокие значения КПД трансмиссии имеются в весьма узком диа-пазоне значений скорости, а движение в высокой скоростью ста-новится невыгодным из-за слишком низких значений КПД транс-миссии.

Следует отметить, что после прохождения механической точки в трансмиссии возникает циркуляция мощности. Это обстоятельство отражено

率（P_{eng}）的变化关系。

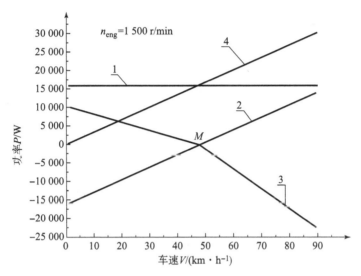

图 2-8 变速器元件从动轴上的功率变化曲线
1—P_0；2—P_A；3—P_B；4—P_{MEX}

在车辆加速的第一阶段，电机 A 以发电机工况运转，电机 B 以电动机工况运转。之后，当达到与发动机输出轴转速相关的一定速度时，电机会改变其功能。此时，在电机运行工况改变的瞬间，发动机的全部功率只通过变速器的机械通路传递，即该工况下变速器工作效率最高（图 2-7）。

在图 2-8 这种状态下，用 M 点表示，通常称为变速器工况的机械点。在机械点（M 点）之前，通过变速器电气通路的功率线性下降，这反映在效率曲线图中。

在机械点上，变速器的效率达到其最大值，因为在这种情况下发动机的所有功率只由变速器的机械部分传递。随着车速的进一步提高，变速器电气部分传递的发动机功率比例开始增加，导致整个变速器的效率下降。

因此，对于指定的车辆运动模式（在发动机输出轴转速恒定下

на рис. 2. 8: мощность, проходящая через механическую часть трансмиссии, начинает превышать мощность, развиваемую ДВС. При этом на режимах движения с максимальной скоростью мощность, проходящая через механическую часть трансмиссии, пре-вышает мощность, развиваемую ДВС, практически в 2 раза.

На рис. 2. 9 представлены графики изменения в процессе разго-на транспортного средства момента ДВС ($M0$), моментов, разви-ваемых электромашинами A и B (соответственно MA и MB) и мо-мента, нагружающего механическую часть трансмиссии ($M_{БЦК}$).

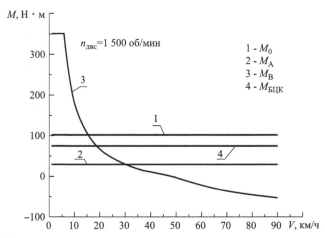

Рис. 2. 9. Изменение моментов на ведомых валах агрегатов трансмиссии

На представленных графиках видно, что формирование динами-ческого фактора транспортного средства происходит за счет измене-ния момента электромашины B. Момент же, нагружающий электро-машину A, и момент, передаваемый механической частью трансмиссии, при условии постоянства момента ДВС также постоян-ны. Такое соотношение моментов обусловлено условием равно-весного состояния планетарного ряда, которое можно выразить равенством

$$M_{МЦК} + M_0 + M_{БЦК} = 0.$$

Значительно расширить в процессе разгона диапазон значений скорости,

加速），只在非常窄的速度值范围内可以获得高传动效率值，而高速运动时由于太低的效率值，就变得非常不经济。

需要注意的是，经过机械点后，在变速器中会产生功率循环，如图 2-8 所示，通过变速器机械通路的功率开始超过发动机产生的功率。同时，在最高速度的行驶模式下，通过变速器机械通路的功率几乎是发动机产生功率的 2 倍。

图 2-9 给出了车辆加速过程中发动机转矩（M_0）、电机 A 和 B（分别为 M_A 和 M_B）产生的转矩以及加载于变速器机械部分转矩（$M_{БЦК}$）的变化曲线图。

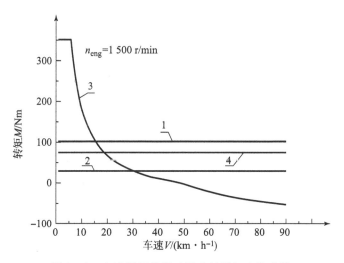

图 2-9 变速器元件从动轴上的转矩变化曲线
1—M_0；2—M_A；3—M_B；4—$M_{БЦК}$

由给出的曲线图可见，车辆动力因数的变化是由于电机 B 转矩的变化而引发的。电机 A 加载的转矩和由变速器机械通路传递的转矩，在发动机的转矩恒定时，也是恒定的。这种转矩关系是由行星齿轮平衡状态的条件决定的，可以用如下等式表示：

$$M_{МЦК} + M_0 + M_{БЦК} = 0$$

计算表明，通过在改变电机 A 转速的同时增加发动机输出轴

при которых трансмиссия обладает высокими значения-ми КПД, возможно, как показывают расчеты, за счет параллельно-го с изменением частоты вращения электромашины А увеличения и частоты вращения вала ДВС.

На рис. 2.10 показаны графики изменения КПД трансмиссии, динамического фактора и мощности ДВС и электромашин для случая, когда в процессе разгона частота вращения вала ДВС ли-нейно увеличивается от 1000 до 3500 об/мин (рис. 2.11).

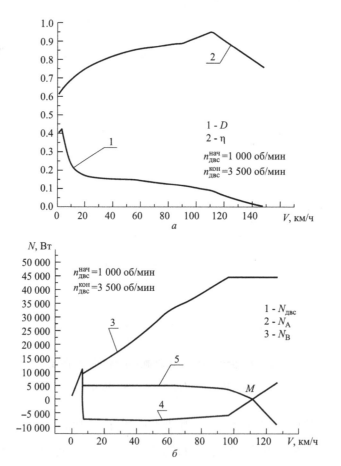

Рис. 2.10. Характеристики (а, б) разгона транспорт-ного средства при изменении частоты вращения вала ДВС

的转速，可以明显扩大加速过程中变速器具有较高效率值的速度范围。

图 2-10 给出了在加速过程中，发动机输出轴的转速从 1 000 r/min 线性增加到 3 500 r/min（图 2-11）的情况下，变速器传动效率、动力因数和发动机及电机功率的变化曲线图。

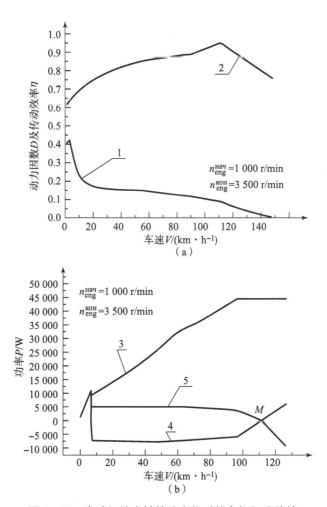

图 2-10　发动机输出轴转速变化时的车辆加速特性

(a) 发动机输出轴转速变化时的变速器传动效率和动力因数；
(b) 发动机输出轴转速变化时的电机功率

1—D；2—η；3—P_{eng}；4—P_A；5—P_B

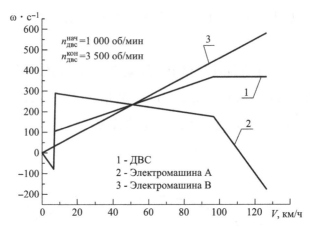

Рис. 2.11. Изменение частоты вращения ведомых валов агрегатов трансмиссии

Как ясно из рис. 2.10, а, увеличение частоты вращения вала ДВС в процессе разгона приводит к существенному увеличению КПД трансмиссии при движении как с малой, так и с высокой скоростью. Например, при максимально допустимой скорости по сопротивлению (около 150 км/ч) КПД трансмиссии примерно равен 0,88, в то время как при разгоне с постоянной частотой вращения вала ДВС КПД трансмиссии уже при скорости 70 км/ч становится меньше 0,75 (см. рис. 2.7, б).

В третьем (комбинированном) варианте разгона на первом этапе используется только энергия аккумуляторных батарей, на втором этапе, начинающемся при некоторой скорости, аккумуляторные батареи полностью отключаются, заводится ДВС, и дальнейшее движение осуществляется только за счет использования мощности ДВС. Следует отметить, что скорость, при которой происходит переход с одного режима работы моторно-трансмиссионной установки на другой, весьма существенно влияет на качество этого перехода.

На рис. 2.12 показано изменение динамического фактора, определенного для частоты вращения вала ДВС $n_{двс}$ = 1000 об/мин и 2500 об/мин и различных скоростей перехода $V_{пер}$ с одного режима работы трансмиссии на другой.

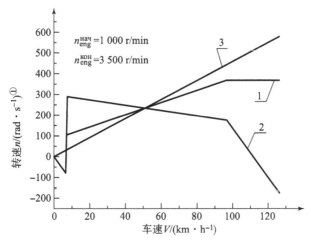

图 2-11 变速器元件从动轴的转速变化曲线

1—发动机；2—A 电机；3—B 电机

从图 2-10（a）可以清楚地看出，发动机输出轴在加速过程中的转速增加，将导致无论是在低速还是在高速行驶时，传动效率都显著增加。例如，在最大允许阻力车速（约 150 km/h）下，变速器效率约为 0.88，而在以恒定发动机输出轴转速加速时，即使在 70 km/h 的速度下，传动效率也已经低于 0.75 [图 2-7(b)]。

在第三种方案（复合）的加速中，在第一阶段，只使用动力电池组的能量，在以一定速度启动的第二阶段，动力电池组完全断开，发动机启动，接下来行驶只依靠发动机的功率。应该注意的是，电机传动装置从一种工况切换到另一种工况时的速度，对这种切换过程的品质具有非常显著的影响。

图 2-12 中给出了发动机输出轴转速 n_{eng} = 1 000 r/min 和 2 500 r/min，以及变速器从一种工况到另一种工况不同转换速度 $V_{пер}$ 下确定的动力因数的变化曲线。

从图 2-12（a）可以看出，发动机输出轴的转速低时（1 000 r/min），

---

① 1 rad/s = $\dfrac{30}{\pi}$ r/min。

АНАЛИЗ И ПРОЕКТИРОВАНИЕ ГИБРИДНЫХ ТРАНСМИССИЙ ТРАНСПОРТНЫХ СРЕДСТВ НА ОСНОВЕ ПЛАНЕТАРНЫХ МЕХАНИЗМОВ

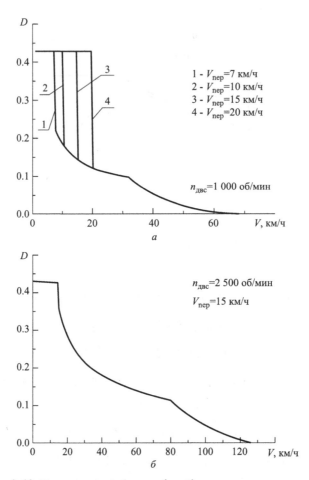

Рис. 2.12. Динамический фактор (а, б) транспортного средства при комбинированном варианте разгона

На рис. 2.12, а видно, что при малой частоте вращения вала ДВС (1000 об/мин) качество перехода с режима движения с ис-пользованием только энергии аккумуляторных батарей на режим движения только за счет мощности ДВС весьма существенно зави-сит от скорости транспортного средства, при которой этот переход осуществляется. Судя по графикам, для частоты вращения валаДВС 1000 об/мин переход с одного режима работы трансмиссии на другой желательно осуществлять при скорости транспортного средства 7 км/ч.

从只使用动力电池组能量的行驶工况过渡到只靠发动机功率行驶工况的转换品质,非常明显取决于转换过程车辆的速度。

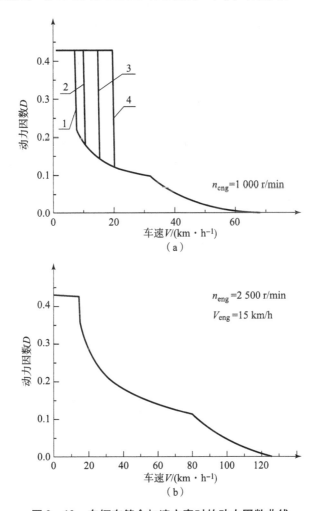

图 2-12 车辆在符合加速方案时的动力因数曲线
(a) 转速为 1 000 r/min 的发动机不同车速的工况切换;
(b) 转速为 2 500 r/min 的发动机不同车速的工况切换
1—$V_{пер}$ = 7 km/h; 2—$V_{пер}$ = 10 km/h; 3—$V_{пер}$ = 15 km/h; 4—$V_{пер}$ = 20 km/h

从曲线上来看,对于转速 1 000 r/min 的发动机,建议在车速为 7 km/h 时,变速器进行从一种工况到另一种工况的切换。在更高速度

Переход же при бо́льших скоростях (даже 10 км/ч) приводит к резкому уменьшению тяговых усилий на ведущих ко-лесах и, как следствие этого, к такому же уменьшению ускорения. Причем, чем выше скорость перехода, тем больше разница тяго-вых усилий на разных режимах работы трансмиссии.

Увеличение частоты вращения вала ДВС до 2500 об/мин при-водит к тому, что процесс перехода с одного режима работы на другой сглаживается (рис. 2.12, 6), но при этом точка, при которой происходит плавный переход, смещается в сторону бо́льших ско-ростей. Так, переход, осуществляемый при скорости 80 км/ч, про-исходит с незначительным изменением тягового усилия на веду-щих колесах транспортного средства, что должно благоприятным образом сказаться на качестве этого перехода.

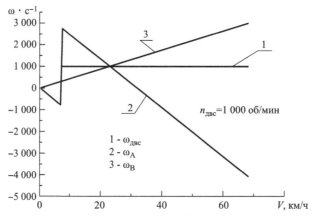

Рис. 2.13. Изменение частоты вращения ведомых валов агрегатов трансмиссии

Кроме того, следует отметить, что при переходе с режима движе-ния с использованием только энергии аккумуляторных батарей на режим движения только за счет мощности ДВС частота вращения электромашины А (ω_A) должна скачкообразно измениться (рис. 2.13).

2.2. Торможение транспортного средства с трансмиссией THS

Проведем анализ работы трансмиссии в режиме торможения транспортного средства, т. е. найдем распределение потоков мощ-ности и н

（如 10 km/h）下的切换会导致驱动轮上的牵引力急剧下降，从而导致加速度同样下降，并且切换速度越高，变速器不同工况下的牵引力差异越大。

发动机输出轴转速提高到 2 500 r/min，会使得工况的切换过程变得平滑 [图 2 - 12 (b)]，但同时在进行平滑切换发生的点向更高的速度方向偏移。因此，在 80 km/h 的速度进行切换，会对车辆驱动轮上的牵引力产生微小的变化，这应该说对这种切换的品质有正向影响。

另外，需要注意的是，当从只使用动力电池组能量的行驶工况切换到只依靠发动机功率的行驶工况时，电机 A 的转速（ω_A）应阶跃改变（图 2 - 13）。

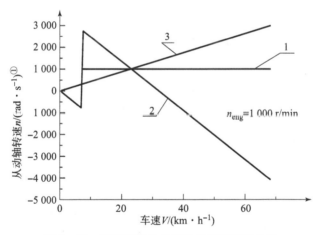

图 2 - 13 变速器元件从动轴的转速变化曲线
1—ω_{eng}；2—ω_A；3—ω_B

2.2 配备 THS 变速器车辆的制动

本节分析一下 THS 变速器在车辆制动工况下的工作情况，即当

---
① 1 rad/s = $\frac{30}{\pi}$ r/min。

агруженность звеньев планетарного механизма в случае, когда выходное звено х становится ведущим звеном. При этом рассмотрим два случая.

В первом случае торможение осуществляется при полном от-пускании педали управления скоростью транспортного средства. При этом дроссельная заслонка управления ДВС полностью за-крывается, и двигатель переходит в режим холостого хода. Во вто-ром случае предполагается, что педаль управления скоростью движения транспортным средством также полностью отпускается, но ДВС при этом продолжает работать в ведущем режиме.

При расчетах будем считать, что кинетическая энергия транс-портного средства преобразуется с помощью одной или двух элек-тромашин в электрическую и накапливается в аккумуляторных батареях. Для этого связь между двумя электромашинами должна быть разорвана, с тем, чтобы вырабатываемая ими энергия могла полностью поступать в аккумуляторные батареи. Это обстоятель-ство позволяет считать, что в режиме торможения транспортного средства электромашины работают независимо друг от друга и могут либо работать в режиме генератора, либо находиться в ней-тральном состоянии.

Торможение с переводом ДВС в режим холостого хода

А. Электромашина А—генератор; электромашина В—дви-гатель.

В этом случае для реализации тормозного режима электрома-шину В необходимо перевести в режим работы генератора, что отражается в изменении направления действия развиваемого ею момента. Кроме того, перевод ДВС в режим холостого хода также приводит к изменению направления действия развиваемого им момента. Поэтому по сравнению с режимом разгона (рис. 2.14, а) картина нагруженности звеньев в этом случае существенно изме-нится.

Из рис. 2.14, б ясно, что для сохранения равновесного состоя-ния звена 2 необходимо, чтобы направление момента на электро-машине А изменилось, при этом направление вращения должно остаться неизменным. Это означает, что электромашина А должна перейти в режим работы электродвигателя. Но для этого необхо-дим источник энергии, которым может быть либо блок аккумуля-торных батарей, либо электромашина В. И то и другое противоре-чит принятому допущению.

Таким образом, торможение при переводе ДВС в режим холо-стого хода возможно только в том случае, если электромашина А будет находиться в нейтральном состоянии. Другими словами, моменты $M_{МЦК}$, M_0 и $M_{БЦК}$ должны быть равны нулю. Торможение транспортного средства в этом случае может быть осуществлено только за счет электромашины В.

输出元件 x 成为驱动元件的情况下，求得功率流和行星机构元件负载的分布。在此将考虑两种情况：

第一种情况，车速控制踏板完全松开，实施制动。此时，控制发动机的节气门完全关闭，发动机进入怠速工况。

第二种情况，车速控制踏板完全松开，但发动机继续以工作工况运行。

在计算中，将考虑到车辆的动能由一台或两台电机转化为电能，并存储在动力电池组。为此，必须断开两台电机之间的连接，以便它们产生的能量可以充分充入动力电池组。这种情况可以认为，在车辆制动工况下，电机彼此独立运行，可以在发电机工况下运行，也可以在空挡状态下运行。

2.2.1 发动机转入怠速工况下进行制动

1. 电机 A——发电机；电机 B——电动机

在这种情况下，要实现制动工况，电机 B 必须切换到发电机工况运行，这反映在其产生的转矩作用方向的变化上。此外，发动机向怠速工况的转换也导致由其产生转矩作用方向的改变。因此，与加速工况［图 2-14（a）］相比，这种情况下元件的负载图将发生显著变化。

从图 2-14（b）可见，为了保持元件 2 的平衡状态，以使电机 A 上的转矩方向改变，旋转方向应当保持不变。

这就是说，电机 A 必须进入电动机的运行工况。但是为此需要一个动力源，它可以是动力电池组，或电机 B。这与采取的假设相矛盾。

因此，只有当电机 A 处于空挡状态时，才可能在将发动机转入怠速时进行制动。换句话说，$M_{МЦК}$、M_0 和 $M_{БЦК}$ 的转矩应为零。车辆在这种情况下的制动只能通过电机 B 进行。

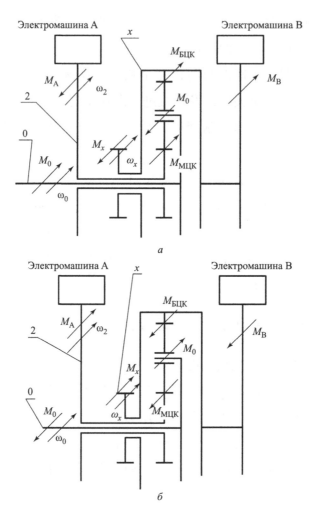

Рис. 2.14. Нагруженность элементов трансмиссии транспортного средства при разгоне

(а) и при тор-можении (б)

Нагруженность звеньев трансмиссии и распределение потоков мощности в этом случае определяются довольно просто (рис. 2.15). Кинетическая энергия движения транспортного средства поступа-ет в электромашину В, где преобразуется в электрическую энер-гию, и далее накапливается в аккумуляторных батареях.

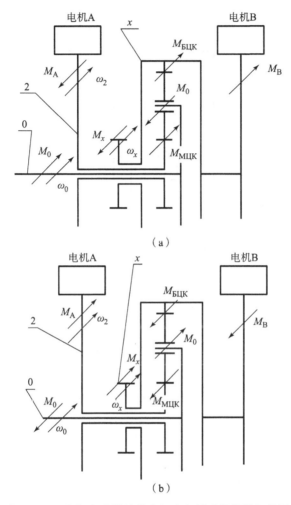

图 2-14 车辆变速器元件在加速和制动期间的负载图

(a) 加速;(b) 制动

此时,变速器元件负载和功率流分配的确定就变得非常简单(图2-15)。车辆运动的动能进入电机B,转化为电能,然后储存在动力电池组中。

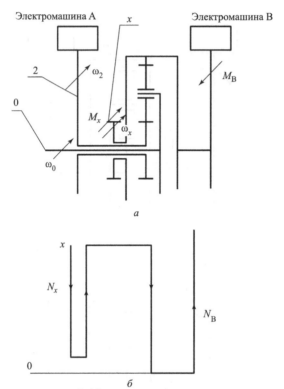

Рис. 2.15. Нагруженность звеньев
(а) и распределение потоков мощности
(б) в трансмиссии автомобиля Toyota Prius при торможении
(электромашина А—генератор; электромашина В—двигатель)

Б. Электромашина А—двигатель; электромашина В—генератор.

При определенной скорости транспортного средства, зависящей от частоты вращения вала ДВС, электромашины А и В меняются функциями, т. е. электромашина А переходит в режим работы электродвигателя, а электромашина В—в режим работы генератора. Для такого варианта работы электромашин нагруженность звеньев и распределение потоков мощности при переводе ДВС в режим холостого хода представлены на рис. 2.16. В этом случае часть кинетической энергии движения транспортного средства поступает в электромашины А и В, где преобразуется в электрическую, другая часть тратится на преодоление сопротивлений в ДВС.

Режимы работы, на которых возможно торможение с рекуперацией кинетической энергии транспортного средства в электрическую, можно проиллюстрировать с помощью плана угловых скоростей трансмиссии THS (рис. 2.17). Участок прямой 2, где возможна реализация тормозного режима, изображен штриховой линией.

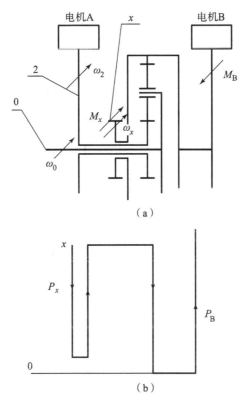

图 2-15 制动期间丰田普锐斯车型变速器中的元件负载和功率分配图
(a) 元件负载；(b) 功率分配
电机 A—发电机；电机 B—电动机

2. 电机 A——电动机；电机 B——发电机

根据发动机输出轴的转速，在车辆达到一定的速度下，电机 A 和 B 改变其功能，即电机 A 转入电动机工况，电机 B 则转入发电机工况。对于电机运行的这种方案，当发动机切换到怠速工况时，元件的负载和功率的分配如图 2-16 所示。此时，车辆的部分动能进入电机 A 和 B 转化为电能，另一部分动能用于克服发动机中的阻力。

可以使用丰田普锐斯变速器的转速平面图（图 2-17）来解释说明实施制动并将车辆的动能转化为电能的工况。直线 2 上可以实施制动工况的部分用虚线表示。

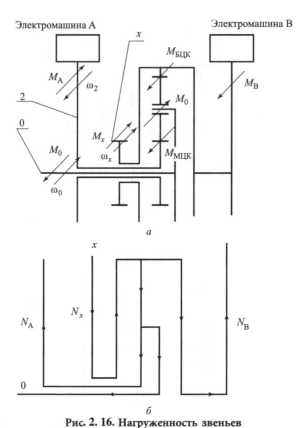

Рис. 2.16. Нагруженность звеньев
(а) и распределение потоков мощности (б) в трансмиссии автомобиля Toyota Prius при торможении (электромашина А—двигатель; электромашина В—генератор)

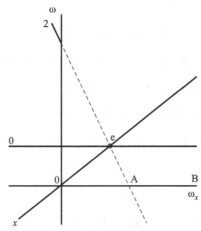

Рис. 2.17. План угловых скоростей трансмиссии автомобиля Toyota Prius

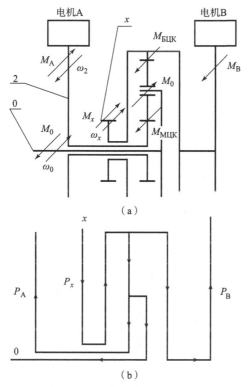

图2-16 制动期间丰田普锐斯车型变速器中的元件负载和功率分配图

(a) 元件负载；(b) 功率分配

电机A—电动机；电机B—发电机

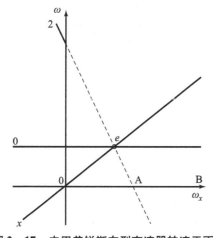

图2-17 丰田普锐斯车型变速器转速平面图

Торможение при работе ДВС в тяговом режиме

А. Электромашина А—генератор; электромашина В—дви-гатель.

В этом случае так же, как и в предыдущем, электромашину В необходимо перевести в режим работы генератора, что возможно только при изменении направления действия развиваемого ею мо-мента. Нагруженность моментами звеньев планетарных рядов для этого случая предсталена на рис. 2. 18.

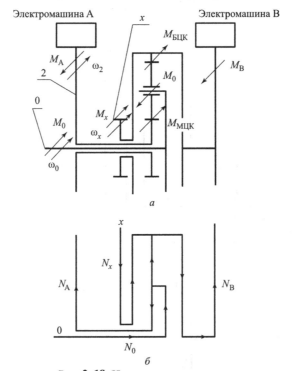

Рис. 2. 18. Нагруженность звеньев
(а) и распределе-ние потоков мощности
(б) в трансмиссии автомобиля Toyota Prius при торможении
(электромашина А—генератор; электромашина В—двигатель)

Видно, что кинетическая энергия транспортного средства пол-ностью поступает в электромашину В. Мощность, вырабатываемая

ДВС, с помощью планетарного ряда разделяется на два потока, один из которых поступает в электромашину А, а второй—в электромашину В, в которых она преобразуется в электрическую энергию, и далее поступает в аккумуляторные батареи.

2.2.2 发动机在牵引工况下运转时的制动

1. 电机 A——发电机；电机 B——电动机

这种情况和 2.2.1 节第二种情况一样，电机 B 必须切换到发电机工况，这只有在电机 B 转矩的作用方向改变时才有可能。此时，行星齿轮排元件负载和功率分配如图 2-18 所示。

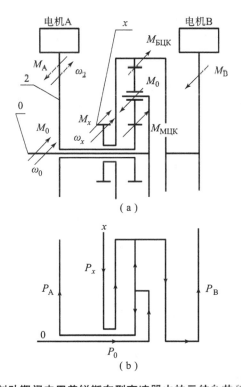

图 2-18 制动期间丰田普锐斯车型变速器中的元件负载和功率分配图

(a) 元件负载；(b) 功率分配

电机 A—发电机；电机 B—电动机

可见，车辆的动能完全进入电机 B。

发动机产生的动力通过行星齿轮排分流成两路，其中一路进入电机 A，另一路进入电机 B，在此完成电能转换，然后进入动力电池

Таким образом, из анализа потоков мощности следует, что тор-можение транспортного средства обеспечивается, так же как и предыдущем случае, только за счет тормозных свойств электро-машины В, а вся мощность, вырабатываемая ДВС, поступает с по-мощью электромашин А и В в аккумуляторные батареи. Очевидно, такой режим работы ДВС при торможении транспортного средст-ва следует рекомендовать в том случае, если аккумуляторные ба-тареи сильно разряжены.

Б. Электромашина А—двигатель; электромашина В—гене-ратор.

На рис. 2. 19 видно, что переход электромашины А из режима двигателя в режим работы генератора невозможен, поскольку из-менение направления действия момента, развиваемого этой элек-тромашиной, приведет к нарушению равновесного состояния зве-на 2. Это означает, что для сохранения равновесного состояния этого звена электромашина А должна продолжать работать в ре-жиме работы электродвигателя. Но, как отмечалось выше, для это-го необходим источник энергии, которым может быть либо блок аккумуляторных батарей, либо электромашина В. И то и другое противоречит принятому допущению.

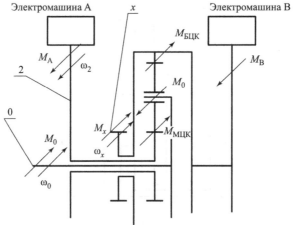

Рис. 2. 19. Нагруженность звеньев в трансмиссии автомобиля Toyota Prius при торможении

(элек-тромашина А—двигатель; электромашина В—генератор)

Таким образом, реализация режима торможения транспортного средства в этом случае физически невозможна.

Режим, при котором возможно торможение транспортного средства с рекуперацией его кинетической энергии в электриче-скую для случая работы ДВС в тяговом режиме, изображен на пла-не угловых скоростей штриховым отрезком прямой 2 (рис. 2. 20) .

组储存。

因此,从功率流分析可以得出,与 2.2.1 节第二种情况一样,只由于电机 B 的制动特性保证了车辆的制动,而发动机产生的所有功率都由电机 A 和 B 转换后,以电能的形式储存到动力电池组中。显然,如果动力电池组深度放电后,建议车辆制动时发动机在这种工况下运转。

2. 电机 A——电动机;电机 B——发电机

由图 2-19 可以看出,电机 A 从电动机工况到发电机运行工况的转变是不可能的,因为该电机产生转矩作用方向的改变将导致破坏元件 2 的平衡状态。这就是说,为了保持元件 2 的平衡状态,电机 A 必须继续在电动机的运行工况下工作。但是,如上所述,这需要能源,可以是来自动力电池组,或电机 B,这和假设相矛盾。

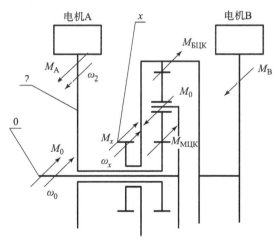

图 2-19 制动期间丰田普锐斯车型变速器中的元件负载图

电机 A—电动机;电机 B—发电机

因此,在这种情况下车辆制动工况的实施在物理上是不可能的。

发动机在牵引工况下运行时,通过将车辆动能回收为电能的车辆制动工况在转速平面图上由虚线段 2 表示(图 2-20)。

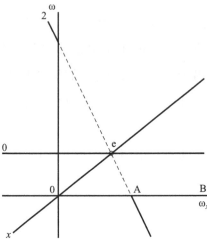

Рис. 2. 20. План угловых скоростей транс-миссии автомобиля Toyota Prius

2. 3. Разгон транспортного средства с трансмиссией GM

В 2003 г. фирма GM начала производство городских автобусов с гибридной трансмиссией, в которой реализуются два режима бесступенчатого регулирования передаточного отношения:

1) режим с разделением потока мощности ДВС на входе в трансмиссию (EVT1);

2) режим со сложным способом разделения мощности ДВС (EVT2).

Для разделения мощности ДВС были использованы сложный планетарный механизм, состоящий из трех планетарных рядов, и два фрикционных элемента управления (см. рис. 1. 4) [4]. Плане-тарный механизм обладает тремя степенями свободы, его план уг-ловых скоростей представлен на рис. 2. 21.

В случае разгона только за счет энергии аккумуляторных бата-рей должен быть включен тормоз звена 4, напряжение при этом подается на электромашину B, за счет чего ее частота вращения начинает увеличиваться от нулевого значения. При этом электро-машина A должна оставаться в нейтральном положении, т. е. сво-бодно вращаться. Далее при определенной скорости транспортно-го средства заводится ДВС, электромашина A переводится в ак-тивный режим работы, и трансмиссия начинает работать в режиме разделения мощности ДВС на входе. При некоторой скорости

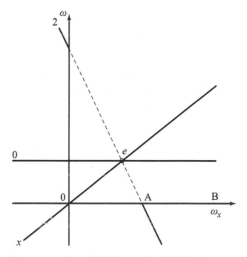

图 2-20 丰田普锐斯车型变速器转速平面图

2.3 配备通用汽车变速器车辆的加速

2003 年，通用汽车开始生产配备具有双模无级传动比混合动力变速器的城市公交车，即

① 变速器输入端分配发动机功率工况（EVT1）；

② 发动机功率综合分配工况（EVT2）。

为了分配发动机的功率，使用了由 3 个行星齿轮排和 2 个摩擦控制元件构成的综合行星机构（图 1-4）[4]。行星机构具有 3 个自由度，其转速平面图如图 2-21 所示。

在只依靠动力电池组能量加速的情况下，元件 4 的制动器应结合，此时向电机 B 提供电压，其转速从零开始增加。在这种情况下，电机 A 必须保持在空挡位置，即自由转动。

之后，在达到确定的车速时，发动机启动，电机 A 切换到主动工况运行，变速器进入输入端分配发动机功率工况。在车辆运行达

транспортного средства происходит переход на второй режим со сложным способом разделения мощности ДВС.

При разгоне с использованием только мощности ДВС на пер-вом этапе применяется режим разделения мощности ДВС на входе в трансмиссию. Для этого в планетарном механизме включается тормоз звена 4 (см. Т1 на рис. 1.4) и изменяется частота вращения звена 3 (электромашина B) от нулевого значения (на плане угло-вых скоростей точка A) до максимального (точка B). В результате рабочая точка, определяющая угловую скорость ведомого звена x, будет перемещаться от точки A к точке B по нулевой прямой звена 4 (см. рис. 2.21). При этом частота вращения звена 5 (электрома-шина A), как ясно из плана угловых скоростей, должна уменьшаться от максимального положительного значения (точка A) до некоторого отрицательного значения (точка B).

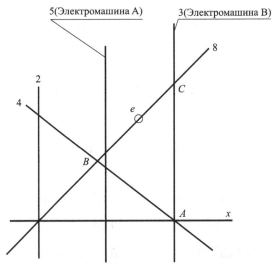

Рис. 2.21. План угловых скоростей двухре-жимной трансмиссии GM

При достижении точки B происходит переход на режим со сложным способом разделения мощности ДВС (режим EVT2). Для этого тормоз звена 4 выключается и включается блокировочная муфта M1 (см. рис. 1.4). Отметим, что теоретически, как следует из плана угловых скоростей, блокировочная муфта должна включаться без какого-либо скольжения фрикционных дисков.

Дальнейшее увеличение скорости транспортного средства бу-дет происходить уже на этом режиме за счет уменьшения частоты вращения звена 3 (электромашина B) при одновременном увели-чении частоты вращения звена 5 (электромашина A). Рабочая точ-ка в этом случае будет перемещаться

到一定速度时，会切换到第二种发动机功率综合分配的运行工况。

当只使用发动机的动力加速时，在第一阶段变速器的输入端应采用发动机的动力分配工况。为此，在行星机构中接合元件4的制动器（图1-4中的T1），元件3（电机B）的转速从零（转速平面图上的 A 点）变化到最大值（B 点）。结果，确定从动元件 x 角速度的工作点，将沿元件4的零直线从 A 点移动到 B 点（图2-21）。在这种情况下，从转速平面图中可以清楚地看出，元件5（电机A）的转速应该从最大正值（A 点）降低到某个负值（B 点）。

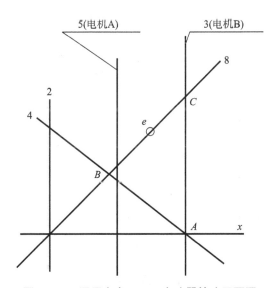

图2-21 通用汽车双工况变速器转速平面图

当达到 B 点时，将转换到发动机功率综合分配工况（EVT2）。为此，元件4的制动器断开，闭锁离合器M1接通（图1-4）。需要指出，从理论上来说，根据转速平面图，闭锁离合器应在摩擦片没有任何相对滑动时接合。

由于元件3（电机B）的转速降低，同时元件5（电机A）的转速增加，因此在该工况下车辆的速度将进一步提高。此时，工

уже по нулевой прямой ус-ловного звена блокировочной муфты 8 от точки B к точке C (см. рис. 2.21).

Дальнейшим развитием двухрежимной трансмиссии стала гиб-ридная трансмиссия с двумя режимами бесступенчатого регулиро-вания передаточного отношения и четырьмя фиксированными пе-редаточными отношениями. Кинематическая схема планетарного механизма в этой трансмиссии осталась такой же, как в простой двухрежимной гибридной трансмиссии, были добавлены только тормоз звена 3 и блокировочная муфта М2 (см. рис. 1.5).

Дополнительные элементы управления позволили организо-вать совместно с тормозом звена 4 (Т2) и блокировочной муфтой М1 четыре передачи переднего хода с фиксированными переда-точными отношениями. На плане угловых скоростей (рис. 2.22) режимы движения с фиксированными передаточными отношения-ми обозначены рабочими точками D, B, e и C.

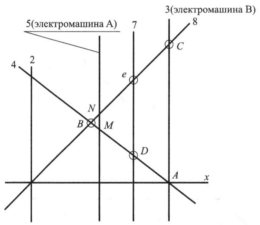

Рис. 2.22. План угловых скоростей двухре-жимной трансмиссии GM с четырьмя фик-сированными передаточными отношениями

Таким образом, трансмиссия GM может реализовывать помимо описанных выше двух режимов работы с двумя способами разде-ления мощности ДВС еще и четыре фиксированных передаточных отношения.

Проведем кинематический и силовой анализ характеристик движения транспортного средства с трансмиссией GM с двумя ре-жимами разделения мощности двигателя и с четырьмя фиксиро-ванными передаточными отношениями.

Планетарный механизм этой трансмиссии состоит из трех пла-нетарных рядов (см. рис. 1.5). Запишем для каждого планетарного ряда уравнение кинематической связи составляющих его звеньев:

$$(1 - i_{50})\omega_2 = \omega_5 - i_{50}\omega_0; \qquad (2.4)$$

作点将沿着闭锁离合器 8 等效元件的零直线从 B 点移动到 C 点（图 2-21）。

双模变速器的进一步发展是双模无级传动比及四速固定传动比的混合动力变速器。这种变速器中行星齿轮结构的运动学图与简单的双模混合动力变速器相同，只是增加了元件 3 的制动器和 M2 闭锁离合器（图 1-5）。

附加的控制元件可以与元件 4（T2）的制动器和 M1 闭锁离合器一起构成 4 个具有固定传动比的前进挡。在转速平面图（图 2-22）上，固定传动比的运动工况标记为工作点 D、B、e 和 C。

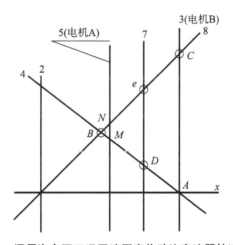

图 2-22　通用汽车双工况四速固定传动比变速器转速平面图

这样，除了上述发动机功率分配两种工况之外，通用汽车变速器还可以实现 4 种固定传动比工况。

下面分析配备通用汽车双模发动机功率分配及 4 种固定传动比变速器车辆的运动学和动力学特性。

该变速器的行星机构由 3 个 2 行星齿轮排组成（图 1-5）。为每个行星齿轮排写出其组成元件的运动学关系方程：

$$(1 - i_{50})\omega_2 = \omega_5 - i_{50}\omega_0 ; \qquad (2-4)$$

$$(1 - i_{35})\omega_2 = \omega_3 - i_{35}\omega_5 ; \qquad (2.5)$$

$$(1 - i_{34})\omega_x = \omega_3 - i_{34}\omega_4 , \qquad (2.6)$$

где i_{50}, i_{35} и i_{34} — внутренние передаточные отношения соответствующих планетарных рядов, определенные при остановленном водиле ($i_{50} = -2,0$; $i_{35} = -2,0$; $i_{34} = -2,7$); ω_0 — частота вращения ведущего звена 0 (вала ДВС); ω_2, ω_3, ω_4, ω_5 — частота вращения соответствующих звеньев; ω_x — частота вращения ведомого звена x.

Выше отмечалось, что при разгоне транспортного средства с гибридной трансмиссией GM возможны три режима бесступенчатого регулирования передаточного отношения трансмиссии, один из которых реализуется за счет использования только энергии аккумуляторных батарей, а в двух других применяются режимы работы трансмиссии с разделением мощности ДВС (режимы EVT1 и EVT2).

При разгоне только за счет энергии аккумуляторных батарей энергия от них поступает на электромашину В. При включенном тормозе звена 4 мощность через третий планетарный ряд ПР3 (см. рис. 1.5) поступает на ведомое звено x, угловая скорость которого при условии $\omega_4 = 0$ и $\omega_0 = 0$ может быть определена из уравнения (2.6):

$$\omega_x = \frac{1}{1 - i_{34}}\omega_3 ,$$

где угловая скорость третьего звена w3 определяется частотой вращения электромашины В. Электромашина А при этом будет свободно вращаться с угловой скоростью

$$\omega_5 = \frac{1 - i_{50}}{1 - i_{35}i_{50}}\omega_3 ,$$

Нагруженность элементов планетарного механизма и распределение потоков мощности в этом случае представлены на рис. 2.23.

При определенной скорости транспортного средства происходит запуск ДВС, и трансмиссия переходит на режим работы с разделением мощности на входе (режим EVT1). После запуска ДВС выводится на некоторый установившийся режим, при этом частота вращения электромашины А должна, в соответствии с уравнениями (2.5) и (2.6), измениться до величины

$$\omega_5^{eng} = \frac{1 - i_{50}}{1 - i_{35}i_{50}}\omega_3 + \frac{i_{50}(1 - i_{35})}{1 - i_{35}i_{50}}\omega_0.$$

$$(1 - i_{35})\omega_2 = \omega_3 - i_{35}\omega_5 \quad (2-5)$$

$$(1 - i_{34})\omega_x = \omega_3 - i_{34}\omega_4 \quad (2-6)$$

式中，i_{50}、i_{35}、i_{34} 分别为行星架（$i_{50} = -2.0$；$i_{35} = -2.0$；$i_{34} = -2.7$）静止时相应行星齿轮排的内传动比；ω_0 为驱动元件 0（发动机输出轴）的转速；ω_2、ω_3、ω_4、ω_5 为相应元件的转速；ω_x 为从动元件 x 的转速。

前面已经指出，配备通用汽车混合动力变速器的车辆加速时，可以有无级可变传动比 3 种工况，其中 1 种工况是只使用动力电池组的能量，而另外 2 种工况是发动机功率分配的变速器工况（EVT1 和 EVT2）。

当只通过动力电池组的能量加速时，来自动力电池组的能量进入电机 B。

当元件 4 的制动器接合时，动力通过行星齿轮排（如图 1-5 所示）传递给从动元件 x，其转速在 $\omega_4 = 0$ 和 $\omega_0 = 0$ 条件下，可以通过式（2-6）来确定：

$$\omega_x = \frac{1}{1 - i_{34}}\omega_3$$

其中，第三元件的转速 ω_3 由电机 B 的转速决定。此时电机 A 将自由旋转，其转速为：

$$\omega_5 = \frac{1 - i_{50}}{1 - i_{35}i_{50}}\omega_3$$

这时，行星机构元件的负载和功率的分配如图 2-23 所示。

在达到一定的车速下，发动机启动，变速器切换到输入端功率分配工况（EVT1）。发动机启动后，进入预设工况，按照式（2-5）和式（2-6），电机 A 的转速发生变化，即

$$\omega_5^{\text{eng}} = \frac{1 - i_{50}}{1 - i_{35}i_{50}}\omega_3 + \frac{i_{50}(1 - i_{35})}{1 - i_{35}i_{50}}\omega_0$$

АНАЛИЗ И ПРОЕКТИРОВАНИЕ ГИБРИДНЫХ ТРАНСМИССИЙ ТРАНСПОРТНЫХ СРЕДСТВ НА ОСНОВЕ ПЛАНЕТАРНЫХ МЕХАНИЗМОВ

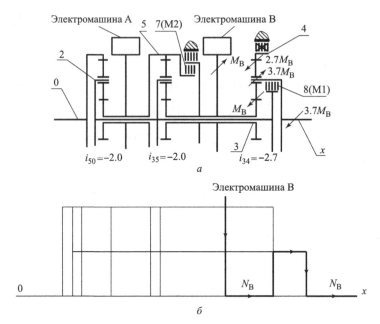

Рис. 2. 23. Нагруженность звеньев (а) и распределение потоков мощности (б) в трансмиссии GM при разгоне транспортного средства только за счет мощности ак-кумуляторных батарей

Из полученной зависимости следует, что в начале работы на ре-жиме EVT1 значение частоты вращения звена 5 должно быть положительным. Такой же вывод можно сделать и из анализа плана угловых скоростей планетарного механизма (см. рис. 2. 22).

Дальнейший разгон осуществляется за счет изменения частоты вращения электромашин A и B. При этом электромашина A должна работать в режиме генератора, а электромашина B—в режиме дви-гателя. В этом случае частоту вращения ведомого звена x можно определить из уравнений (2. 4), (2. 5) и (2. 6), выразив ее через часто-ту вращения ведущего вала ω_0 и, например, электромашины A ω_5:

$$\omega_x = \frac{1 - i_{35}i_{50}}{(1 - i_{34})(1 - i_{50})}\omega_5 - \frac{i_{50}(1 - i_{35})}{(1 - i_{34})(1 - i_{50})}\omega_0.$$

При этом частота вращения электромашины B должна изменяться по закону, который также определяется из совместного решения уравнений (2. 4), (2. 5) и (2. 6):

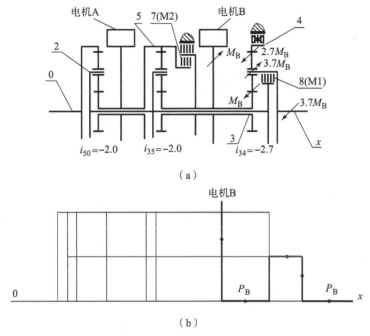

图 2-23 只使用动力电池组的车辆加速期间通用汽车变速器中的元件负载和功率分配图
(a) 元件负载；(b) 功率分配

从上面关系式可以看出，在 EVT1 工况下开始工作时，元件 5 的转速值应该为正。对行星机构转速平面图进行分析，也可以得出同样的结论（图 2-22）。

通过改变电机 A 和 B 的转速进一步加速。此时，电机 A 必须以发电机工况运行，而电机 B 必须以电动机工况运行。这时，通过驱动轴的转速 ω_0、电机 A 转速 ω_5、从动元件 x 的转速可以由式 (2-4)、式 (2-5) 和式 (2-6) 来确定：

$$\omega_x = \frac{1 - i_{35}i_{50}}{(1 - i_{34})(1 - i_{50})}\omega_5 - \frac{i_{50}(1 - i_{35})}{(1 - i_{34})(1 - i_{50})}\omega_0$$

电机 B 的转速必须按照由式 (2-4)、式 (2-5) 和式 (2-6) 组成的方程组确定的规律变化：

$$\omega_3 = \frac{1 - i_{35}i_{50}}{1 - i_{50}}\omega_5 - \frac{i_{50}(1 - i_{35})}{1 - i_{50}}\omega_0.$$

Из полученных зависимостей и анализа плана угловых скоростей следует, что для увеличения частоты вращения ведомого звена ω_x и, следовательно, скорости движения транспортного средства час-тота вращения электромашины А должна уменьшаться, а электро-машины В—увеличиваться.

Нагруженность звеньев планетарного механизма и распределе-ние потоков мощности в нем представлены на рис. 2.24, где при-няты следующие обозначения:

M_0 и N_0—момент и мощность, развиваемые ДВС;

$M_А$ и $N_А$—момент и мощность, развиваемые электромашиной А; МВ и $N_В$—момент и мощность, развиваемые электромашиной В;

M_x и N_x— момент и мощность на ведомой шестерне;

$N_{а.б}$—мощность, поступающая в трансмиссию от аккумуля-торной батареи;

ω_0, ω_2, $\cdots$, ω_x—частота вращения соответствующих звеньев.

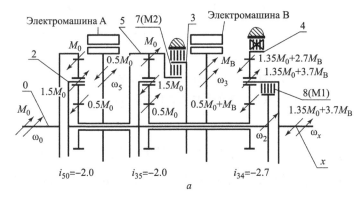

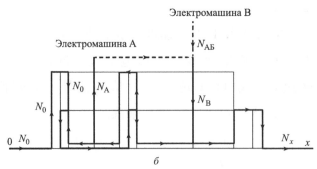

Рис. 2.24. Нагруженность звеньев (а) и распределение потоков мощности (б) в трансмиссии GM при разгоне транспортного средства в режиме EVT1

(электрома-шина А—генератор; электромашина В—двигатель)

$$\omega_3 = \frac{1 - i_{35}i_{50}}{1 - i_{50}}\omega_5 - \frac{i_{50}(1 - i_{35})}{1 - i_{50}}\omega_0$$

根据获得的关系式和对转速平面图的分析可知,为了增加从动元件的转速 ω_x,相应地,车辆的速度、电机 A 的转速必须降低,而电机 B 的转速必须增加。

行星机构各元件的载荷及其动力分配如图 2-24 所示。其中,M_0 和 P_0 分别为发动机产生的力矩和功率;P_A 为电机 A 产生的功率;M_B 和 P_B 分别为电机 B 产生的力矩和功率;P_x 为从动齿轮上的功率;P_{AB} 为从动力电池组提供给变速器的功率;$\omega_0,\omega_2,\cdots,\omega_x$ 分别为相应元件的转速。

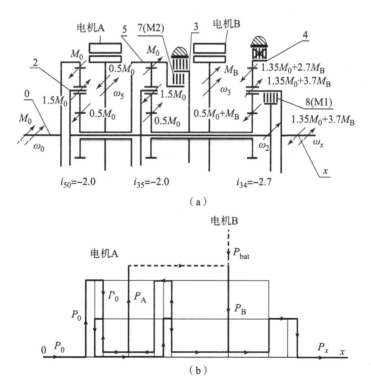

图 2-24 EVT1 工况下车辆加速期间通用汽车变速器中的元件负载和功率分配图
(a) 元件负载;(b) 功率分配
电机 A—发电机;电机 B—电动机

Моменты, развиваемые электромашиной А и ДВС, являются взаимосвязанными величинами, поскольку их значения определя-ются из условия равновесного состояния звена 5:

$$M_\text{A} = M_0 - 0.5M_0 = 0.5M_0.$$

Момент электромашины В определяется только мощностью, подводимой к ней от электромашины А и аккумуляторной бата-реи. Если аккумуляторные батареи не используются, то

$$M_\text{В} = \frac{P_\text{A}}{\omega_3}\eta_\text{э}^{\pm 1} = \frac{M_\text{A}\omega_5}{\omega_3}\eta_\text{э}^{\pm 1}, \qquad (2.7)$$

где $\eta_\text{э}$ — КПД электрической части трансмиссии.

В зависимости (2.7) знак «плюс» в показателе степени КПД бе-рется в том случае, если электромашина А работает в режиме ге-нератора, знак «минус» используется для случая работы в режиме двигателя. В этом режиме (А—генератор, В—двигатель) элек-тромашины работают до тех пор, пока значение частоты вращения электромашины А не станет отрицательным. Граничной точкой изменения направления вращения электромашины А на плане уг-ловых скоростей (см. рис. 2.22) является точка пересечения нуле-вых прямых звеньев 4 и 5 (точка М). Вращение электромашины А в противоположном направлении приведет к изменению режима работы обеих электромашин. Электромашина А перейдет в режим работы двигателя, а электромашина В—в режим работы генера-тора. Естественно, что такое изменение режимов работы электро-машин вызывает и изменение нагруженности звеньев планетарно-го механизма и потоков мощности (рис. 2.25).

Уменьшение частоты вращения электромашины А происходит до тех пор, пока значения частоты вращения звена 2 и ведомого звена х не станут равными друг другу, что отражается на плане угловых скоростей (см. рис. 2.22) точкой В. В этот момент в пла-нетарном механизме выключается тормоз звена 4 и включается блокировочная муфта М1, соединяющая звенья 2 и х. В результате трансмиссия переходит на второй режим работы со сложным раз-делением мощности ДВС (режим EVT2). Поскольку блокировоч-ная муфта включается при равных значениях частоты вращения звеньев 2 и х, то переход с режима EVT1 на режим EVT2 должен происходить практически без буксования.

Дальнейший разгон транспортного средства осуществляется за счет увеличения частоты вращения электромашины А и, как ясно из плана угловых скоростей (см. рис. 2.22), уменьшения угловой скорости электромашины В.

Частота вращения ведомого звена х при условии, что $\omega_2 = \omega_x$, определяется из уравнения (2.4):

电机 A 和发动机产生的转矩是相互关联的值，因为它们的值是由元件 5 的平衡状态条件决定的：

$$M_A = M_0 - 0.5M_0 = 0.5M_0$$

电机 B 的转矩只由电机 A 和动力电池组提供给它的功率决定。如果不使用动力电池组，则

$$M_B = \frac{P_A}{\omega_3}\eta_3^{\pm 1} = \frac{M_A \omega_5}{\omega_3}\eta_3^{\pm 1} \qquad (2-7)$$

式中，η_3 为变速器电气部分的效率。

根据式（2-7），如果电机 A 以发电机工况运行，则效率指数的符号取"+"，而在电动机工况下运行的情况下取"-"号。在这种工况下（A—发电机，B—电动机）电机运行，直到电机 A 的转速值变为负值。在转速平面图上改变电机 A 旋转方向的边界点（图 2-22）为元件 4 和 5 零直线的交点（M 点）。电机 A 旋转方向改变时，将导致两台电机的运行工况发生变化。电机 A 将切换到电动机运行工况，电机 B 将切换到发电机运行工况。自然地，电机运行工况的这种变化，也会导致行星机构元件负载和功率分配发生变化（图 2-25）。

电机 A 的转速下降，直到元件 2 和从动元件 x 的转速值变得彼此相等，这反映在转速平面图中的点 B（图 2-22）。此时，在行星机构中，元件 4 的制动器断开，连接元件 2 和 x 的闭锁离合器 M1 接通。结果，变速器切换到发动机复杂功率分配的第二运行工况（EVT2）。由于闭锁离合器在元件 2 和 x 的转速相同时接合，因此从 EVT1 工况到 EVT2 工况的转换实际上应该不会打滑。

车辆的继续加速是通过增加电机 A 的转速以及通过降低电机 B 的转速来实现的，这一点从转速平面图（图 2-22）中可以清楚地看出。

当 $\omega_2 = \omega_x$ 时，从动元件 x 的转速由式（2-4）确定，即

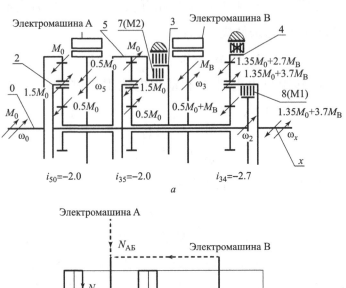

Рис. 2.25. Нагруженность звеньев (а) и распределение потоков мощности (б) в трансмиссии GM при разгоне транспортного средства в режиме EVT1

(электрома-шина А—двигатель; электромашина В—генератор)

$$\omega_x = \frac{1}{1-i_{50}}\omega_5 - \frac{i_{50}}{1-i_{50}}\omega_0.$$

При этом частота вращения электромашины В должна изменяться по закону, который определяется из совместного решения уравне-ний (2.4) и (2.5):

$$\omega_3 = \frac{1-i_{35}i_{50}}{1-i_{50}}\omega_5 - \frac{i_{50}(1-i_{35})}{1-i_{50}}\omega_0.$$

Из полученных зависимостей и анализа плана угловых скоростей следует, что для увеличения частоты вращения ведомого звена wx и, следовательно, скорости движения транспортного средства час-тота вращения электромашины А должна уменьшаться, а электро-машины В—увеличиваться.

Переход на режим EVT2 приводит к изменению режимов ра-боты

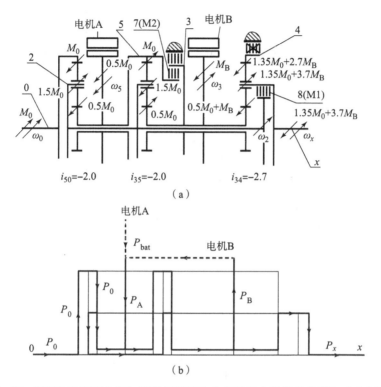

图 2-25 EVT1 工况下车辆加速期间通用汽车变速器中的元件负载和功率分配图

(a) 元件负载；(b) 功率分配

电机 A—电动机；电机 B—发电机

$$\omega_x = \frac{1}{1 - i_{50}}\omega_5 - \frac{i_{50}}{1 - i_{50}}\omega_0$$

此时电机 B 的转速必须按照由式（2-4）和式（2-5）组成的方程组确定的规律变化：

$$\omega_3 = \frac{1 - i_{35}i_{50}}{1 - i_{50}}\omega_5 - \frac{i_{50}(1 - i_{35})}{1 - i_{50}}\omega_0$$

根据获得的关系式和对转速平面图的分析可知，为了增加从动元件的转速 ω_x，相应地，车辆的速度、电机 A 的转速必须降低，而电机 B 的转速必须增加。

切换到 EVT2 工况将导致电机工况发生变化，即电机 A 再次开

электромашин, т. е. электромашина A вновь начинает рабо-тать как генератор, а электромашина B как двигатель, что соответ-ствующим образом отражается на нагруженности звеньев и распределении потоков мощности (рис. 2. 26).

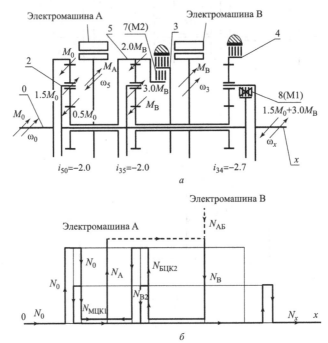

Рис. 2. 26. Нагруженность звеньев (а) и распределение потоков мощности (б) в трансмиссии GM при разгоне транспортного средства в режиме EVT2

(электрома-шина A—генератор; электромашина B—двигатель)

На режиме EVT2 определение моментов, действующих на звенья планетарного механизма, представляет собой по сравнению с их определением на режиме EVT1 более сложную задачу. В этом случае моменты, развиваемые ДВС и обеими электромашинами, являются взаимозависимыми величинами, что очевидно из усло-вия равновесного состояния звена 5, которое записывается сле-дующим образом:

$$0.5M_0 - M_A + 2.0M_B = 0,$$

где $M_в$—момент, развиваемый электромашиной B.

Для устранения возникшей неопределенности значений мо-ментов M_0,

始作为发电机运转,电机 B 作为电动机工作,从而以相应的方式反映在元件的负载和功率的分配图上(图 2-26)。

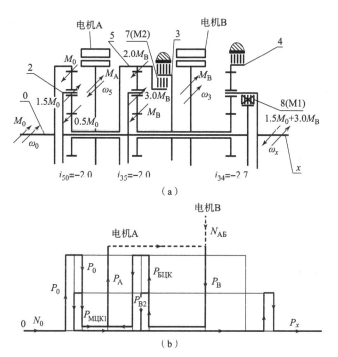

图 2-26 EVT2 工况下车辆加速期间通用汽车变速器中的元件负载和功率分配图

(a)元件负载;(b)功率分配

电机 A—发电机;电机 B—电动机

在 EVT2 工况下,与在 EVT1 工况下的情况相比,确定作用在行星齿轮元件上的转矩是一项更加复杂的问题。在这种情况下,发动机和 2 台电机所产生的转矩是相互关联的量,这从元件 5 的平衡状态条件来看是显而易见的,其可以写成如下形式:

$$0.5M_0 - M_A + 2.0M_B = 0$$

式中,M_B 为电机 B 产生的转矩。

为了消除由此产生的 M_0、M_A 和 M_B 值的不确定性,要确定提供

M_A и M_B определим мощность, подводимую к электро-машине А (см. рис. 2.26):

$$N_A = N_{МЦК1} + N_{БЦК2}, \qquad (2.8)$$

где $N_{МЦК1}$ — мощность на МЦК первого планетарного ряда (ПР1) (см. рис. 1.5); $N_{БЦК2}$ — мощность на БЦК второго планетарного ряда (ПР2) (см. рис. 1.5).

Кроме того, определим мощность на водиле второго планетар-ного ряда (см. рис. 2.26):

$$N_{В2} = N_В - N_{БЦК2}, \qquad (2.9)$$

где $N_В$ — мощность, развиваемая электромашиной В.

При условии, что энергия аккумуляторных батарей не исполь-зуется и они не заряжаются, можно записать:

$$N_В = \eta_э N_А.$$

Подставив эту зависимость в (2.9) и используя выражение (2.8) для определения $N_А$, получим

$$N_{В2} = N_{МЦК1}\eta_э - (1 - \eta_э)N_{БЦК2}.$$

Выразим мощности $N_{В2}$, $N_{МЦК1}$ и $N_{БЦК2}$ через соответствующие мо-менты и частоту вращения звеньев:

$$3.0 M_В \omega_x = 0.5 M_0 \omega_5 \eta_э - 2.0(1 - \eta_э)M_В \omega_5,$$

откуда

$$M_В = \frac{0.5 \omega_5 \eta_э}{3.0 \omega_x + 2.0(1 - \eta_э)\omega_5} M_0. \qquad (2.10)$$

Тогда момент, развиваемый электромашиной А, может быть опре-делен по зависимости

$$M_А = \frac{N_В}{\omega_5}\eta_э^{\pm 1} = \frac{M_В \omega_3}{\omega_5}\eta_э^{\pm 1}. \qquad (2.11)$$

В зависимости (2.11) знак «плюс» в показателе степени КПД берется в случае, если электромашина В работает в режиме гене-ратора, а знак «минус» — при работе ее в режиме двигателя.

При переходе угловой скорости электромашины А через нуле-вое значение, что соответствует на плане угловых скоростей точке N, в которой пересекаются нулевые прямые 5 и 8 (см. рис. 2.22), режимы работы электромашин вновь изменяются. Электромашина А начинает работать как двигатель, а электромашина В — как ге-нератор. При этом изменяются нагруженность звеньев планетар-ного механизма и распределение потоков мощности (рис. 2.27). Зависимости (2.10) и (2.11), полученные для определения момен-тов МА и МВ, остаются справедливыми и в этом случае.

给电机 A 的功率（图 2-26）：

$$P_A = P_{МЦК1} + P_{БЦК2} \quad (2-8)$$

式中，$P_{МЦК1}$ 为行星齿轮排 1 太阳轮上的功率，如图 1-5 所示；$P_{БЦК2}$ 为行星齿轮排 2 齿圈上的功率，如图 1-5 所示。

此外，可以确定行星齿轮排 2 行星架上的功率为（图 2-26）：

$$P_{B2} = P_B - P_{БЦК2} \quad (2-9)$$

式中，P_B 为电机 B 产生的功率。

当动力电池组的能量没有被利用并且没有充电时，可以写成：

$$P_B = \eta_э P_A$$

将上式代入式（2-9）中并使用式（2-8）来确定 P_A，得到

$$P_{B2} = P_{МЦК1}\eta_э - (1 - \eta_э)P_{БЦК2}$$

利用元件的相应转矩和转速来表示 P_{B2}、$P_{МЦК1}$ 和 $P_{БЦК2}$ 的功率，则

$$3.0 M_B \omega_x = 0.5 M_0 \omega_5 \eta_э - 2.0(1 - \eta_э) M_B \omega_5$$

由此得出

$$M_B = \frac{0.5 \omega_5 \eta_э}{3.0 \omega_x + 2.0(1 - \eta_э)\omega_5} M_0 \quad (2-10)$$

则可以由下式确定电机 A 产生的转矩：

$$M_A = \frac{P_B}{\omega_5} \eta_э^{\pm 1} = \frac{M_B \omega_3}{\omega_5} \eta_э^{\pm 1} \quad (2-11)$$

根据式（2-11），如果电机 B 以发电机工况运行，那么效率指数符号为"+"，而在电动机工况下运行时，则为"-"。

当电机 A 的转速经过零时，这对应转速平面图上零直线 5 和 8 交叉的 N 点（图 2-22），电机的运行工况再次改变。电机 A 开始作为电动机工作，电机 B 作为发电机工作。在这种情况下，行星机构元件的负载和功率的分配发生变化（图 2-27）。确定转矩 M_A 和 M_B 所需的关系式（2-10）和式（2-11）在这种情况下也仍然有效。

АНАЛИЗ И ПРОЕКТИРОВАНИЕ ГИБРИДНЫХ ТРАНСМИССИЙ ТРАНСПОРТНЫХ СРЕДСТВ НА ОСНОВЕ ПЛАНЕТАРНЫХ МЕХАНИЗМОВ

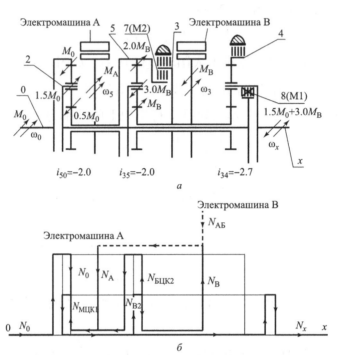

Рис. 2. 27. Нагруженность звеньев (а) и распределение потоков мощности (б) в трансмиссии GM при разгоне транспортного средства в режиме EVT2

(электрома-шина А—двигатель; электромашина В—генератор)

Проведем анализ тягово-динамических характеристик транс-портного средства с такими же параметрами, которые были ис-пользованы при исследовании свойств трансмиссии THS.

Определим зависимость КПД трансмиссии от ее передаточного отношения.

А. Режим EVT1.

На этом режиме включен тормоз звена 4 и регулирование ско-рости транспортного средства осуществляется соответствующим изменением частоты вращения электромашин А и В. Ранее на ос-новании выражений (2.4), (2.5) и (2.6) были получены зависимости для определения угловых скоростей ведомого звена x и звена 3:

$$\omega_x = \frac{1 - i_{35}i_{50}}{(1 - i_{34})(1 - i_{50})}\omega_5 - \frac{i_{50}(1 - i_{35})}{(1 - i_{34})(1 - i_{50})}\omega_0;$$

第 2 章 混合动力变速器车辆特性的运动学和牵引动力学分析

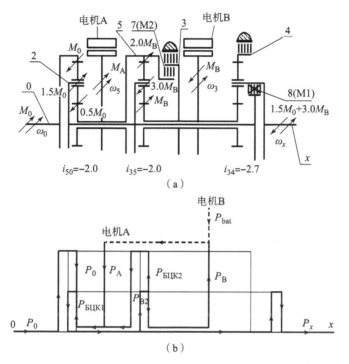

图 2-27 EVT2 工况下车辆加速期间通用汽车变速器中的元件负载和功率分配图

(a) 元件负载; (b) 功率分配

电机 A—电动机; 电机 B—发电机

下面利用与研究 THS 变速器特性时使用的相同参数, 来分析车辆的牵引力和动态特性。

下面确定变速器效率与其传动比的关系式。

1. EVT1 工况

在这种工况下, 元件 4 的制动器接合, 车速由电机 A 和 B 转速的相应变化进行控制。之前, 根据式 (2-4)、式 (2-5) 和式 (2-6), 得到了确定从动元件 x 和元件 3 转速的关系式:

$$\omega_x = \frac{1 - i_{35}i_{50}}{(1 - i_{34})(1 - i_{50})}\omega_5 - \frac{i_{50}(1 - i_{35})}{(1 - i_{34})(1 - i_{50})}\omega_0$$

$$\omega_3 = \frac{1 - i_{35}i_{50}}{1 - i_{50}}\omega_5 - \frac{i_{50}(1 - i_{35})}{1 - i_{50}}\omega_0.$$

Преобразуем зависимость для определения значения ω_3 следую-щим образом:

$$\omega_5\left(\frac{1 - i_{35}i_{50}}{1 - i_{50}} - i_{\text{э}}\right) = \frac{i_{50}(1 - i_{35})}{1 - i_{50}}\omega_0,$$

где $i_{\text{э}} = \omega_3/\omega_5$ — передаточное отношение электрической части трансмиссии (является величиной переменной).

Отсюда

$$\omega_5 = \frac{i_{50} - i_{35}i_{50}}{1 - i_{35}i_{50} - i_{\text{э}} + i_{\text{э}}i_{50}}\omega_0.$$

Подставим полученное выражение в зависимость для определения частоты вращения ведомого вала:

$$\omega_x = \left[\frac{(1 - i_{35}i_{50})(i_{50} - i_{50}i_{35})}{(1 - i_{34})(1 - i_{50})(1 - i_{35}i_{50} - i_{\text{э}} + i_{\text{э}}i_{50})} - \frac{i_{50}(1 - i_{35})}{(1 - i_{34})(1 - i_{50})}\right]\omega_0$$

и определим общее кинематическое передаточное отношение пе-редачи:

$$i_{0x} = \frac{\omega_0}{\omega_x} = \frac{A}{B}, \tag{2.12}$$

где $A = (1 - i_{34} - i_{50} + i_{34}i_{50})(1 - i_{35}i_{50} - i_{\text{э}} + i_{\text{э}}i_{50})$; $B = (1 - i_{35}i_{50}) \times (i_{50} - i_{35}i_{50}) - (i_{50} - i_{35}i_{50})(i_{50} - i_{35}i_{50})$.

Тогда, в соответствии с [7], силовое передаточное отношение передачи

$$\tilde{i}_{0x} = \frac{A}{B},$$

где $A = (1 - i_{34}\eta_{34}^{Y_1} + i_{50}\eta_{50}^{Y_2} + i_{34}\eta_{34}^{Y_1}i_{50}\eta_{50}^{Y_2})(1 - i_{35}\eta_{35}^{Y_3}i_{50}\eta_{50}^{Y_2} - i_{\text{э}}\eta_{\text{э}}^{Y_4} + i_{\text{э}}\eta_{\text{э}}^{Y_4}i_{50}\eta_{50}^{Y_2})$;
$B = (1 - i_{35}\eta_{35}^{Y_3}i_{50}\eta_{50}^{Y_2})(i_{50}\eta_{50}^{Y_2} - i_{35}\eta_{35}^{Y_3}i_{50}\eta_{50}^{Y_2}) - (i_{50}\eta_{50}^{Y_2} - i_{35}\eta_{35}^{Y_3}i_{50}\eta_{50}^{Y_2}) \times (1 - i_{35}\eta_{35}^{Y_3}i_{50}\eta_{50}^{Y_2} - i_{\text{э}}\eta_{\text{э}}^{Y_4} + i_{\text{э}}\eta_{\text{э}}^{Y_4}i_{50}\eta_{50}^{Y_2})$; $\eta_{\text{э}} = \eta_A\eta_B$ — КПД электриче-ской части трансмиссии; η_A — КПД электромашины А; η_B — КПД электромашины В; η_{50}, η_{34} и η_{35} —

第 2 章 混合动力变速器车辆特性的运动学和牵引动力学分析

$$\omega_3 = \frac{1 - i_{35}i_{50}}{1 - i_{50}}\omega_5 - \frac{i_{50}(1 - i_{35})}{1 - i_{50}}\omega_0$$

将确定 ω_3 值的关系式按照如下方式变换：

$$\omega_5\left(\frac{1 - i_{35}i_{50}}{1 - i_{50}} - i_э\right) = \frac{i_{50}(1 - i_{35})}{1 - i_{50}}\omega_0$$

式中，$i_э = \omega_3/\omega_5$，为变速器电气部分的传动比（是一个可变值）。

据此

$$\omega_5 = \frac{i_{50} - i_{35}i_{50}}{1 - i_{35}i_{50} - i_э + i_эi_{50}}\omega_0$$

将得到的表达式代入确定从动轴转速的关系式：

$$\omega_x = \left[\frac{(1 - i_{35}i_{50})(i_{50} - i_{50}i_{35})}{(1 - i_{34})(1 - i_{50})(1 - i_{35}i_{50} - i_э + i_эi_{50})} - \frac{i_{50}(1 - i_{35})}{(1 - i_{34})(1 - i_{50})}\right]\omega_0$$

并确定变速器的总运动传动比为：

$$i_{0x} = \frac{\omega_0}{\omega_x} = \frac{A}{B} \tag{2-12}$$

式中，$A = (1 - i_{34} - i_{50} + i_{34}i_{50})(1 - i_{35}i_{50} - i_э + i_эi_{50})$，$B = (1 - i_{35}i_{50}) \times (i_{50} - i_{35}i_{50}) - (i_{50} - i_{35}i_{50})(i_{50} - i_{35}i_{50})$。

然后，根据参考文献 [7]，动力传动比

$$\tilde{i}_{0x} = \frac{A}{B}$$

式中，$A = (1 - i_{34}\eta_{34}^{Y_1} + i_{50}\eta_{50}^{Y_2} + i_{34}\eta_{34}^{Y_1}i_{50}\eta_{50}^{Y_2})(1 - i_{35}\eta_{35}^{Y_3}i_{50}\eta_{50}^{Y_2} - i_э\eta_э^{Y_4} + i_э\eta_э^{Y_4}i_{50}\eta_{50}^{Y_2})$；$B = (1 - i_{35}\eta_{35}^{Y_3}i_{50}\eta_{50}^{Y_2})(i_{50}\eta_{50}^{Y_2} - i_{35}\eta_{35}^{Y_3}i_{50}\eta_{50}^{Y_2}) - (i_{50}\eta_{50}^{Y_2} - i_{35}\eta_{35}^{Y_3}i_{50}\eta_{50}^{Y_2}) \times (1 - i_{35}\eta_{35}^{Y_3}i_{50}\eta_{50}^{Y_2} - i_э\eta_э^{Y_4} + i_э\eta_э^{Y_4}i_{50}\eta_{50}^{Y_2})$。

其中，$\eta_э = \eta_A\eta_B$ 为变速器电气部分的系数；η_A 为电机 A 的效率

КПД соответствующих плане-тарных рядов, определенные при остановленных водилах; Y_1, Y_2, Y_3 и Y_4 — показатели степени соответствующих КПД.

Определим показатель степени Y_1:

$$\operatorname{sign}(Y_1) = \operatorname{sign}\left(\frac{i_{34}}{i_{0x}} \frac{\partial i_{0x}}{\partial i_{34}}\right). \qquad (2.13)$$

Поскольку внутреннее передаточное отношение планетарного ря-да $i_{34} < 0$, а $i_{0x} > 0$, то первый сомножитель в правой части выраже-ния (2.13) отрицателен.

Определим теперь частную производную от общего кинемати-ческого передаточного отношения передачи по кинематическому передаточному отношению планетарного ряда i_{34}:

$$\frac{\partial i_{0x}}{\partial i_{34}} = \frac{A}{B},$$

где $A = [(i_{50} - 1)(1 - i_{35}i_{50} - i_{\text{э}} + i_{\text{э}}i_{50})][(1 - i_{35}i_{50})(i_{50} - i_{35}i_{50}) - (i_{50} + i_{35}i_{50}) \times (1 - i_{35}i_{50} - i_{\text{э}} + i_{\text{э}}i_{50})]$; $B = [(1 - i_{35}i_{50})(i_{50} - i_{35}i_{50}) - (i_{50} - i_{35}i_{50})(1 - i_{35}i_{50} - i_{\text{э}} + i_{\text{э}}i_{50})]^2$.

Определим показатель степени Y_2:

$$\operatorname{sign}(Y_2) = \operatorname{sign}\left(\frac{i_{50}}{i_{0x}} \frac{\partial i_{0x}}{\partial i_{50}}\right). \qquad (2-14)$$

Поскольку внутреннее передаточное отношение планетарного ря-да $i_{50} < 0$, а $i_{0x} > 0$, то первый сомножитель в правой части выраже-ния (2.14) отрицателен.

Частная производная от общего кинематического передаточно-го отношения передачи по кинематическому передаточному отно-шению планетарного ряда i_{50}:

$$\frac{\partial i_{0x}}{\partial i_{34}} = \frac{A}{B} - \frac{C}{D},$$

где $A = [(i_{34} - 1)(1 - i_{35}i_{50} - i_{\text{э}} + i_{34}i_{50}) + (1 - i_{34} - i_{50} + i_{34}i_{50})(i_{\text{э}} - i_{35})] \times [(1 - i_{35}i_{50})(i_{50} - i_{35}i_{50}) - (i_{50} - i_{35}i_{50})(1 - i_{35}i_{50} - i_{\text{э}} + i_{\text{э}}i_{50})]$; $B = [(1 - i_{35}i_{50})(i_{50} - i_{35}i_{50}) - (i_{50} - i_{35}i_{50})(1 - i_{35}i_{50} - i_{\text{э}} + i_{\text{э}}i_{50})]^2$; $C = [(1 - i_{34} - i_{50} + i_{34}i_{50})(1 - i_{35}i_{50} - i_{\text{э}} +$

系数；η_B 为电机 B 的效率；η_{50}、η_{34} 和 η_{35} 为行星架静止时相应行星排的效率；Y_1、Y_2、Y_3 和 Y_4 是相应效率的指数。

确定指数 Y_1：

$$\text{sign}(Y_1) = \text{sign}\left(\frac{i_{34}}{i_{0x}}\frac{\partial i_{0x}}{\partial i_{34}}\right) \qquad (2-13)$$

由于行星齿轮组的内传动比为 $i_{34}<0$，而 $i_{0x}>0$，则式（2-13）右边第一个因子为负。

求出变速器总运动学传动比中相对于行星齿轮组 i_{34} 运动学传动比的偏导数：

$$\frac{\partial i_{0x}}{\partial i_{34}} = \frac{A}{B}$$

式中，$A = [(i_{50}-1)(1-i_{35}i_{50}-i_з+i_зi_{50})][(1-i_{35}i_{50})(i_{50}-i_{35}i_{50})-(i_{50}+i_{35}i_{50})\times(1-i_{35}i_{50}-i_з+i_зi_{50})]$；$B = [(1-i_{35}i_{50})(i_{50}-i_{35}i_{50})-(i_{50}-i_{35}i_{50})(1-i_{35}i_{50}-i_з+i_зi_{50})]^2$。

确定指数 Y_2：

$$\text{sign}(Y_2) = \text{sign}\left(\frac{i_{50}}{i_{0x}}\frac{\partial i_{0x}}{\partial i_{50}}\right) \qquad (2-14)$$

由于行星齿轮排的内传动比为 $i_{50}<0$，而 $i_{0x}>0$，则式（2-14）右边第一个因子为负。

齿轮总运动学传动比中相对行星齿轮组 i_{50} 运动学传动比的偏导数：

$$\frac{\partial i_{0x}}{\partial i_{34}} = \frac{A}{B} - \frac{C}{D}$$

式中，$A = [(i_{34}-1)(1-i_{35}i_{50}-i_з+i_зi_{50})+(1-i_{34}-i_{50}+i_{34}i_{50})(i_з-i_{35})]\times[(1-i_{35}i_{50})(i_{50}-i_{35}i_{50})-(i_{50}-i_{35}i_{50})(1-i_{35}i_{50}-i_з+i_зi_{50})]$；$B = [(1-i_{35}i_{50})(i_{50}-i_{35}i_{50})-(i_{50}-i_{35}i_{50})(1-i_{35}i_{50}-i_з+i_зi_{50})]^2$；$C = [(1-i_{34}-i_{50}+i_{34}i_{50})(1-i_{35}i_{50}-i_з+i_зi_{50})]\times[-i_{35}(i_{50}-i_{35}i_{50})+$

$i_{\mathrm{э}} i_{50})] \times [-i_{35}(i_{50} - i_{35} i_{50}) + (1 - i_{35} i_{50})(1 - i_{35}) - (1 - i_{35})(1 - i_{35} i_{50} - i_{\mathrm{э}} + i_{\mathrm{э}} i_{50}) - (i_{50} - i_{35} i_{50}) \times (i_{\mathrm{э}} - i_{35})]; D = [(1 - i_{35} i_{50})(i_{50} - i_{35} i_{50}) - (i_{50} - i_{35} i_{50})(1 - i_{35} i_{50} - i_{\mathrm{э}} + i_{\mathrm{э}} i_{50})]^2.$

Определим показатель степени Y_3:

$$\mathrm{sign}(Y_3) = \mathrm{sign}\left(\frac{i_{35}}{i_{0x}} \frac{\partial i_{0x}}{\partial i_{35}}\right). \qquad (2.15)$$

Поскольку внутреннее передаточное отношение планетарного ряда $i_{35} < 0$, а $i_{0x} > 0$, то первый сомножитель в правой части выра-жения (2.15) отрицателен.

Частная производная от общего кинематического передаточно-го отношения передачи по кинематическому передаточному отно-шению планетарного ряда i_{35}:

$$\frac{\partial i_{0x}}{\partial i_{35}} = \frac{A}{B} - \frac{C}{D},$$

где $A = [-i_{50}(1 - i_{34} - i_{50} + i_{34} i_{50})] \times [(1 - i_{35} i_{50})(i_{50} - i_{35} i_{50}) - (i_{50} - i_{35} i_{50}) \times (1 - i_{35} i_{50} - i_{\mathrm{э}} + i_{\mathrm{э}} i_{50})]; B = [(1 - i_{35} i_{50})(i_{50} - i_{35} i_{50}) - (i_{50} - i_{35} i_{50})(1 - i_{35} i_{50} - i_{\mathrm{э}} + i_{\mathrm{э}} i_{50})]^2; C = [(1 - i_{34} - i_{50} + i_{34} i_{50})(1 - i_{35} i_{50} - i_{\mathrm{э}} + i_{\mathrm{э}} i_{50})] \times [-i_{50}(i_{50} - i_{35} i_{50}) - i_{50}(1 - i_{35} i_{50}) + i_{50}(1 - i_{35} i_{50} - i_{\mathrm{э}} + i_{\mathrm{э}} i_{50}) + i_{50}(i_{50} - i_{35} i_{50})]; D = [(1 - i_{35} i_{50})(i_{50} - i_{35} i_{50}) - (i_{50} - i_{35} i_{50}) \times (1 - i_{35} i_{50} - i_{\mathrm{э}} + i_{\mathrm{э}} i_{50})]^2.$

Определим показатель степени Y_4:

$$\mathrm{sign}(Y_4) = \mathrm{sign}\left(\frac{i_{\mathrm{э}}}{i_{0x}} \frac{\partial i_{0x}}{\partial i_{\mathrm{э}}}\right).$$

Частная производная от общего кинематического передаточно-го отношения передачи по кинематическому передаточному отно-шению iэ

$$\frac{\partial i_{0x}}{\partial i_{\mathrm{э}}} = \frac{A}{B} - \frac{C}{D},$$

где $A = [(1 - i_{34} - i_{50} + i_{34} i_{50})][(1 - i_{35} i_{50})(i_{50} - i_{35} i_{50}) - (i_{50} - i_{35} i_{50})(1 - i_{35} i_{50} - i_{\mathrm{э}} + i_{\mathrm{э}} i_{50})]; B = [(1 - i_{35} i_{50})(i_{50} - i_{35} i_{50}) - (i_{50} - i_{35} i_{50})(1 - i_{35} i_{50} - i_{\mathrm{э}} + i_{\mathrm{э}} i_{50})]^2; C = [(1 - i_{34} - i_{50} + i_{34} i_{50})(1 - i_{35} i_{50} - i_{\mathrm{э}} + i_{\mathrm{э}} i_{50})];$

$(1-i_{35}i_{50})(1-i_{35}) - (1-i_{35})(1-i_{35}i_{50} - i_{э} + i_{э}i_{50}) - (i_{50} - i_{35}i_{50}) \times (i_{э} - i_{35})]; D = [(1-i_{35}i_{50})(i_{50} - i_{35}i_{50}) - (i_{50} - i_{35}i_{50})(1-i_{35}i_{50} - i_{э} + i_{э}i_{50})]^2$。

确定指数 Y_3：

$$\text{sign}(Y_3) = \text{sign}\left(\frac{i_{35}}{i_{0x}} \frac{\partial i_{0x}}{\partial i_{35}}\right) \quad (2-15)$$

由于行星齿轮组的内传动比为 $i_{35} < 0$，而 $i_{0x} > 0$，则式 (2-15) 右边第一个因子为负。

齿轮总运动学传动比中相对行星齿轮组 i_{35} 运动学传动比的偏导数：

$$\frac{\partial i_{0x}}{\partial i_{35}} = \frac{A}{B} - \frac{C}{D}$$

式中，$A = [-i_{50}(1-i_{34} - i_{50} + i_{34}i_{50})] \times [(1-i_{35}i_{50})(i_{50} - i_{35}i_{50}) - (i_{50} - i_{35}i_{50}) \times (1-i_{35}i_{50} - i_{э} + i_{э}i_{50})]$；$B = [(1-i_{35}i_{50})(i_{50} - i_{35}i_{50}) - (i_{50} - i_{35}i_{50})(1-i_{35}i_{50} - i_{э} + i_{э}i_{50})]^2$；$C = [(1-i_{34} - i_{50} + i_{34}i_{50})(1-i_{35}i_{50} - i_{э} + i_{э}i_{50})] \times [-i_{50}(i_{50} - i_{35}i_{50}) - i_{50}(1-i_{35}i_{50}) + i_{50}(1-i_{35}i_{50} - i_{э} + i_{э}i_{50}) + i_{50}(i_{50} - i_{35}i_{50})]$；$D = [(1-i_{35}i_{50})(i_{50} - i_{35}i_{50}) - (i_{50} - i_{35}i_{50}) \times (1-i_{35}i_{50} - i_{э} + i_{э}i_{50})]^2$。

确定指数 Y_4：

$$\text{sign}(Y_4) = \text{sign}\left(\frac{i_{э}}{i_{0x}} \frac{\partial i_{0x}}{\partial i_{э}}\right) \quad (2-16)$$

齿轮总运动学传动比关于运动学传动比 $i_{э}$ 的偏导数：

$$\frac{\partial i_{0x}}{\partial i_{э}} = \frac{A}{B} - \frac{C}{D}$$

式中，$A = [(1-i_{34} - i_{50} + i_{34}i_{50})][(1-i_{35}i_{50})(i_{50} - i_{35}i_{50}) - (i_{50} - i_{35}i_{50})(1-i_{35}i_{50} - i_{э} + i_{э}i_{50})]$；$B = [(1-i_{35}i_{50})(i_{50} - i_{35}i_{50}) - (i_{50} - i_{35}i_{50})(1-i_{35}i_{50} - i_{э} + i_{э}i_{50})]^2$；$C = [(1-i_{34} - i_{50} + i_{34}i_{50})(1-i_{35}i_{50} - i_{50})(1-i_{35}i_{50})(1-i_{35}i_{50})(1-i_{35}i_{50}-i_{50})(1-i_{50})(1-i_{50})$

$$D = [\,(1 - i_{35}i_{50})(i_{50} - i_{35}i_{50}) - (i_{50} - i_{35}i_{50})(1 - i_{35}i_{50} - i_{э} + i_{э}i_{50})\,]^{2}.$$

Б. Режим EVT2.

На этом режиме включена блокировочная муфта М1. Ранее на основании выражений (2.4), (2.5) и (2.6) были получены зависимости для определения угловых скоростей ведомого звена х и звена 3:

$$\omega_{x} = \frac{1}{1 - i_{50}}\omega_{5} - \frac{i_{50}}{1 - i_{50}}\omega_{0};$$

$$\omega_{3} = \frac{1 - i_{35}i_{50}}{1 - i_{50}}\omega_{5} - \frac{i_{50}(1 - i_{35})}{1 - i_{50}}\omega_{0}.$$

Преобразуем зависимость для определения ω_3 следующим обра-зом:

$$\omega_{5}\left(\frac{1 - i_{35}i_{50}}{1 - i_{50}} - i_{э}\right) = \frac{i_{50}(1 - i_{35})}{1 - i_{50}}\omega_{0},$$

где $i_{э} = \omega_{3}/\omega_{5}$ — передаточное отношение электрической части трансмиссии (является величиной переменной).

Отсюда

$$\omega_{5} = \frac{i_{50} - i_{35}i_{50}}{1 - i_{35}i_{50} - i_{э} + i_{э}i_{50}}\omega_{0}.$$

Подставим полученное выражение в зависимость для определения частоты вращения ведомого вала:

$$\omega_{x} = \left[\frac{i_{50} - i_{35}i_{50}}{(1 - i_{50})(1 - i_{35}i_{50} - i_{э} + i_{э}i_{50})} - \frac{i_{50}}{1 - i_{50}}\right]\omega_{0}$$

и определим общее кинематическое передаточное отношение пе-редачи:

$$i_{0x} = \frac{\omega_{0}}{\omega_{x}} = \frac{(1 - i_{50})(1 - i_{35}i_{50} - i_{э} + i_{э}i_{50})}{(i_{50} - i_{35}i_{50}) - i_{50}(1 - i_{35}i_{50} - i_{э} + i_{э}i_{50})}. \qquad 2.16$$

Тогда силовое передаточное отношение передачи

$$\tilde{i}_{0x} = \frac{(1 - i_{50}\eta_{50}^{Y_1})(1 - i_{35}\eta_{35}^{Y_2}i_{50}\eta_{50}^{Y_1} - i_{э}\eta_{э}^{Y_3} + i_{э}\eta_{э}^{Y_3}i_{50}\eta_{50}^{Y_1})}{(i_{50}\eta_{50}^{Y_1} - i_{35}\eta_{35}^{Y_2}i_{50}\eta_{50}^{Y_1}) - i_{50}\eta_{50}^{Y_1}(1 - i_{35}\eta_{35}^{Y_2}i_{50}\eta_{50}^{Y_1} - i_{э}\eta_{э}^{Y_3} + i_{э}\eta_{э}^{Y_3}i_{50}\eta_{50}^{Y_1})}.$$

$-i_э + i_э i_{50})]$; $D = [(1 - i_{35}i_{50})(i_{50} - i_{35}i_{50}) - (i_{50} - i_{35}i_{50})(1 - i_{35}i_{50} - i_э + i_э i_{50})]^2$。

2. EVT2 工况

在此工况下，闭锁离合器 M1 接合。之前，根据式 (2-4)、式 (2-5) 和式 (2-6)，得到了确定从动元件 x 和元件 3 转速的关系式：

$$\omega_x = \frac{1}{1 - i_{50}}\omega_5 - \frac{i_{50}}{1 - i_{50}}\omega_0$$

$$\omega_3 = \frac{1 - i_{35}i_{50}}{1 - i_{50}}\omega_5 - \frac{i_{50}(1 - i_{35})}{1 - i_{50}}\omega_0$$

将关系式变换为如下形式来确定 ω_3：

$$\omega_5\left(\frac{1 - i_{35}i_{50}}{1 - i_{50}} - i_э\right) = \frac{i_{50}(1 - i_{35})}{1 - i_{50}}\omega_0$$

式中，$i_э = \omega_3/\omega_5$，为变速器电气部分的传动比（是一个可变值）。

据此

$$\omega_5 = \frac{i_{50} - i_{35}i_{50}}{1 - i_{35}i_{50} - i_э + i_э i_{50}}\omega_0$$

将得到的表达式代入确定从动轴转速的关系式：

$$\omega_x = \left[\frac{i_{50} - i_{35}i_{50}}{(1 - i_{50})(1 - i_{35}i_{50} - i_э + i_э i_{50})} - \frac{i_{50}}{1 - i_{50}}\right]\omega_0$$

并确定变速器的总运动传动比：

$$i_{0x} = \frac{\omega_0}{\omega_x} = \frac{(1 - i_{50})(1 - i_{35}i_{50} - i_э + i_э i_{50})}{(i_{50} - i_{35}i_{50}) - i_{50}(1 - i_{35}i_{50} - i_э + i_э i_{50})} \tag{2-17}$$

然后，动力传动比：

$$\tilde{i}_{0x} = \frac{(1 - i_{50}\eta_{50}^{Y_1})(1 - i_{35}\eta_{35}^{Y_2}i_{50}\eta_{50}^{Y_1} - i_э\eta_э^{Y_3} + i_э\eta_э^{Y_3}i_{50}\eta_{50}^{Y_1})}{(i_{50}\eta_{50}^{Y_1} - i_{35}\eta_{35}^{Y_2}i_{50}\eta_{50}^{Y_1}) - i_{50}\eta_{50}^{Y_1}(1 - i_{35}\eta_{35}^{Y_2}i_{50}\eta_{50}^{Y_1} - i_э\eta_э^{Y_3} + i_э\eta_э^{Y_3}i_{50}\eta_{50}^{Y_1})}$$

Определим показатель степени Y_1:

$$\text{sign}(Y_1) = \text{sign}\left(\frac{i_{50}}{i_{0x}}\frac{\partial i_{0x}}{\partial i_{50}}\right). \quad (2.17)$$

Поскольку внутреннее передаточное отношение планетарного ряда $i_{50} < 0$, а $i_{0x} > 0$, то первый сомножитель в правой части выражения (2.17) отрицателен.

Частная производная от общего кинематического передаточного отношения передачи по кинематическому передаточному отношению планетарного ряда i_{50}:

$$\frac{\partial i_{0x}}{\partial i_{50}} = \frac{A}{B} - \frac{C}{D},$$

где $A = [(1-i_{50})(i_э - i_{35}) - (1 - i_{35}i_{50} - i_э + i_э i_{50})][(i_{50} - i_{35}i_{50}) - i_{50} \times (1 - i_{35}i_{50} - i_э + i_э i_{50})]$; $B = [(i_{50} - i_{35}i_{50}) - i_{50}(1 - i_{35}i_{50} - i_э + i_э i_{50})]^2$; $C = [(1 - i_{50})(1 - i_{35}i_{50} - i_э + i_э i_{50})][(1 - i_{35})(1 - i_{35}i_{50} - i_э + i_э i_{50}) - i_{50}(i_э - i_{35})]$; $D = [(i_{50} - i_{35}i_{50}) - i_{50}(1 - i_{35}i_{50} - i_э + i_э i_{50})]^2$.

Определим показатель степени Y_2:

$$\text{sign}(Y_2) = \text{sign}\left(\frac{i_{35}}{i_{0x}}\frac{\partial i_{0x}}{\partial i_{35}}\right). \quad (2.18)$$

Поскольку внутреннее передаточное отношение планетарного ряда $i_{35} < 0$, а $i_{0x} > 0$, то первый сомножитель в правой части выражения (2.18) отрицателен.

Частная производная от общего кинематического передаточного отношения передачи по кинематическому передаточному отношению планетарного ряда i_{35}:

$$\frac{\partial i_{0x}}{\partial i_{35}} = \frac{A}{B},$$

где $A = (i_{50}^2 - i_{50})[(i_{50} - i_{35}i_{50}) - i_{50}(1 - i_{35}i_{50} - i_э + i_э i_{50})] - (1 - i_{50})(1 - i_{35}i_{50} - i_э + i_э i_{50})(i_{35}i_{50} - i_{50})$; $B = [(i_{50} - i_{35}i_{50}) - i_{50}(1 - i_{35}i_{50} - i_э + i_э i_{50})]^2$.

Определим показатель степени Y_3:

$$\text{sign}(Y_3) = \text{sign}\left(\frac{i_э}{i_{0x}}\frac{\partial i_{0x}}{\partial i_э}\right).$$

第 2 章　混合动力变速器车辆特性的运动学和牵引动力学分析

确定指数 Y_1：

$$\text{sign}(Y_1) = \text{sign}\left(\frac{i_{50}}{i_{0x}} \frac{\partial i_{0x}}{\partial i_{50}}\right) \qquad (2-18)$$

由于行星齿轮组的内传动比为 $i_{50}<0$，而 $i_{0x}>0$，则式 (2-18) 右边第一个因子为负。

齿轮总运动传动比中相对行星齿轮组 i_{50} 运动学传动比的偏导数：

$$\frac{\partial i_{0x}}{\partial i_{50}} = \frac{A}{B} - \frac{C}{D}$$

式中，$A = [(1-i_{50})(i_\text{э}-i_{35}) - (1-i_{35}i_{50}-i_\text{э}+i_\text{э}i_{50})][(i_{50}-i_{35}i_{50}) - i_{50} \times (1-i_{35}i_{50}-i_\text{э}+i_\text{э}i_{50})]$；$B = [(i_{50}-i_{35}i_{50}) - i_{50}(1-i_{35}i_{50}-i_\text{э}+i_\text{э}i_{50})]^2$；$C = [(1-i_{50})(1-i_{35}i_{50}-i_\text{э}+i_\text{э}i_{50})][(1-i_{35})(1-i_{35}i_{50}-i_\text{э}+i_\text{э}i_{50}) - i_{50}(i_\text{э}-i_{35})]$；$D = [(i_{50}-i_{35}i_{50}) - i_{50}(1-i_{35}i_{50}-i_\text{э}+i_\text{э}i_{50})]^2$。

确定指数 Y_2：

$$\text{sign}(Y_2) = \text{sign}\left(\frac{i_{35}}{i_{0x}} \frac{\partial i_{0x}}{\partial i_{35}}\right) \qquad (2-19)$$

由于行星齿轮组的内传动比为 $i_{35}<0$，而 $i_{0x}>0$，则式 (2-19) 右边第一个因子为负。

变速器总运动学传动比中相对行星齿轮组 i_{35} 运动学传动比的偏导数：

$$\frac{\partial i_{0x}}{\partial i_{35}} = \frac{A}{B}$$

式中，$A = (i_{50}^2 - i_{50})[(i_{50}-i_{35}i_{50}) - i_{50}(1-i_{35}i_{50}-i_\text{э}+i_\text{э}i_{50})] - (1-i_{50})(1-i_{35}i_{50}-i_\text{э}+i_\text{э}i_{50})(i_{35}i_{50}-i_{50})$；$B = [(i_{50}-i_{35}i_{50}) - i_{50}(1-i_{35}i_{50}-i_\text{э}+i_\text{э}i_{50})]^2$。

确定指数 Y_3：

$$\text{sign}(Y_3) = \text{sign}\left(\frac{i_\text{э}}{i_{0x}} \frac{\partial i_{0x}}{\partial i_\text{э}}\right)$$

Частная производная от общего кинематического передаточно-го отношения передачи по кинематическому передаточному отно-шению $i_э$:

$$\frac{\partial i_{0x}}{\partial i_э} = \frac{A}{B},$$

где $A = (1 - i_{50})(i_{50} - 1)[(i_{50} - i_{35}i_{50}) - i_{50}(1 - i_{35}i_{50} - i_э + i_э i_{50})] - (1 - i_{50})(1 - i_{35}i_{50} - i_э + i_э i_{50})(i_{50} - i_{50}^2)$; $B = [(i_{50} - i_{35}i_{50}) - i_{50}(1 - i_{35}i_{50} - i_э + i_э i_{50})]^2$.

Используя полученные выше зависимости для определения мо-ментов и частот вращения звеньев, а также зависимость КПД от пе-редаточного отношения трансмиссии, определим тягово-динамичес-кие характеристики транспортного средства с гибридной трансмис-сией GM для трех вариантов разгона:

1) разгон только за счет мощности аккумуляторных батарей;

2) разгон только за счет работы ДВС;

3) комбинированный разгон (на первом этапе используется только энергия аккумуляторных батарей, а на втором этапе, начи-нающемся при некоторой скорости транспортного средства, движе-ние осуществляется только за счет использования мощности ДВС).

При разгоне только за счет энергии аккумуляторных батарей за-висимость динамического фактора D представляет собой несколько трансформированную характеристику электромашин (рис. 2.28). При наличии планетарного ряда,

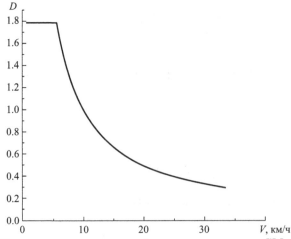

Рис. 2.28. Изменение динамического фактора транс-миссии GM при разгоне транспортного средства только за счет мощности аккумуляторных батарей

变速器总运动传动比中相对 $i_э$ 运动传动比的偏导数：

$$\frac{\partial i_{0т}}{\partial i_э} = \frac{A}{B}$$

式中，$A = (1-i_{50})(i_{50}-1)[(i_{50}-i_{35}i_{50})-i_{50}(1-i_{35}i_{50}-i_э+i_эi_{50})] - (1-i_{50})(1-i_{35}i_{50}-i_э+i_эi_{50})(i_{50}-i_{50}^2)$；$B = [(i_{50}-i_{35}i_{50})-i_{50}(1-i_{35}i_{50}-i_э+i_эi_{50})]^2$。

使用上面获得的确定元件转矩和转速的关系式，以及变速器效率与传动比的关系式，可以确定根据通用汽车方案建造的混合动力变速器车辆在3种加速情况下的牵引力-动态特性：

①仅使用动力电池组的能量加速；

②仅使用发动机的动力加速；

③复合加速（第一阶段只使用动力电池组的能量；第二阶段在一定车速下开始，只使用发动机的动力驱动）。

当仅使用动力电池组的能量加速时，动力因数 D 的关系式是由电机的特性转换得到（图2-28）。当行星齿轮组位于电机和中间传

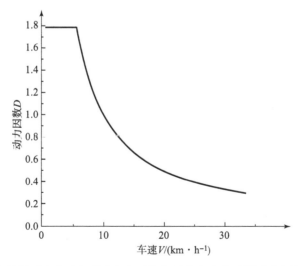

图2-28 仅使用动力电池组的车辆加速期间通用汽车变速器动力因数的变化曲线

расположенного между электромашиной и промежуточной передачей, значительно увеличилось по сравнению с трансмиссией THS значение динамического фактора на малых ско-ростях движения транспортного средства (рис. 2.29). На рисунке вид-но, что при движении на малых скоростях значение динамического фактора существенно превышает значение, которое возможно реали-зовать по условию сцепления ведущих колес с грунтом.

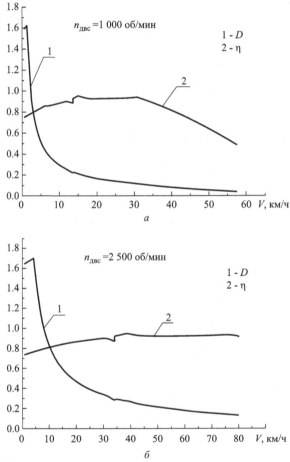

Рис. 2.29. Изменение динамического фактора и КПД трансмиссии GM при разгоне транспортного средства только за счет мощности ДВС при различных значени-ях n (а, б)

动之间时，与 THS 变速器相比，车辆低速行驶时的动力因数值显著增加（图 2 - 29）。从图上可以看出，在低速行驶时，动力因数的值明显超过了驱动轮与地面接触情况下所能实现的值。

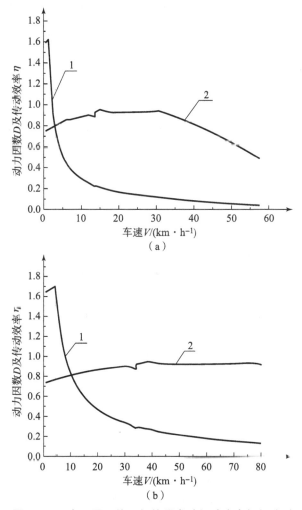

图 2 - 29　在不同 n 值下仅使用发动机功率车辆加速时
通用汽车变速器效率和动力因数及传动效率的变化曲线
（a）$n_{eng} = 1\,000$ r/min；（b）$n_{eng} = 2\,500$ r/min
1—D；2—η

Следует отметить, в случае разгона при постоянной частоте вращения вала ДВС, превышающей 2750 об/мин, частота вращения электромашины A при нулевой скорости транспортного средства будет превышать допускаемое значение (5500 об/мин). Это хорошо видно на плане угловых скоростей трансмиссии (см. рис. 2.22): при нулевой скорости транспортного средства и нулевой частоте враще-ния электромашины B (звено 3), что отражается на плане точкой A, частота вращения электромашины A (звено 5) более чем в 2 раза превышает частоту вращения ведущего звена трансмиссии (ДВС). Таким образом, в этом случае разгон можно осуществлять только с частотой вращения ДВС, не превышающей 2750 об/мин.

В случае комбинированного разгона определение динамиче-ского фактора проводилось при условии постоянства частоты вращения вала ДВС. В этом случае движение начинается только за счет энергии аккумуляторных батарей, а затем при некоторой ско-рости $V_{пер}$ происходит запуск ДВС, который выводится на опреде-ленную частоту вращения, аккумуляторные батареи отключаются, и движение осуществляется только за счет мощности ДВС. Анализ полученных результатов показал, что для достижения удовлетво-рительного качества перехода с режима движения только за счет энергии аккумуляторных батарей на режим EVT1 значения часто-ты вращения вала ДВС должны находиться в достаточно узком диапазоне (2300···3200 об/мин).

При разгоне с меньшей частотой вращения вала ДВС в пере-ходном режиме происходит резкое уменьшение динамического фактора (рис. 2.30, а). Графики на рис. 2.30 построены для различ-ных значений скорости $V_{пер}$.

Отметим, что при скорости транспортного средства 30 и 40 км/ч сразу происходит переход с режима движения только на аккуму-ляторных батареях на режим EVT2. Это объясняется тем, что для заданной частоты вращения вала ДВС и при таких скоростях пере-хода угловая скорость ведомого вала трансмиссии становится больше той, при которой должен происходить переход с режима EVT1 на режим EVT2, поэтому необходимо сразу переходить на режим EVT2, минуя режим EVT1.

Если разгон осуществляется при частоте вращения вала ДВС большей 3200 об/мин, то в момент перехода на режим движения EVT1 происходит скачкообразное увеличение динамического фак-тора (рис. 2.30, б).

需要注意的是，在发动机输出轴高于 2 750 r/min 恒定转速下加速时，电机 A 在车辆零速时的转速会超过允许值（5 500 r/min）。这在变速器转速平面图中可以清楚地看到（图 2-22）：在车辆零速和电机 B 的转速为零（元件 3）时，这对应平面图中 A 点，电机 A（元件 5）的转速是变速器驱动元件（发动机）转速的 2 倍以上。因此，在这种情况下，只能在发动机转速不超过 2 750 r/min 的工况下进行加速。

在复合加速的情况下，动力因数是在发动机输出轴转速恒定的条件下进行确定的。此时，开始运动只是使用动力电池组的能量，然后在达到一定速度 V_{nep} 下启动发动机，加速其达到一定转速，断开动力电池组，行驶仅通过发动机的功率驱动。对得到的结果分析表明，为了获得仅依靠动力电池组能量驱动工况 EVT1 令人满意的转换品质，发动机输出轴转速值应工作在相当窄的范围内（2 300~3 200 r/min）。

当以较低的发动机输出轴转速进行车辆加速时，在切换状态时动力因数会急剧下降 [图 2-30（a）]。图 2-30 中的曲线是针对不同的速度 V_{nep} 值绘制的。

需要注意，在车速为 30 km/h 和 40 km/h 时，会立即进行从仅使用动力电池组的能量驱动工况到 EVT2 工况的切换。这是因为对于给定的发动机转速和在这些切换速度下，变速器从动轴的转速大于应该从 EVT1 工况切换到 EVT2 工况的给定值，因此有必要越过 EVT1 工况，立即切换到 EVT2 工况。

如果在发动机输出轴转速超过 3 200 r/min 的情况下进行加速，那么在切换到 EVT1 驱动工况的瞬间，动力因数会阶跃性增加 [图 2-30（b）]。

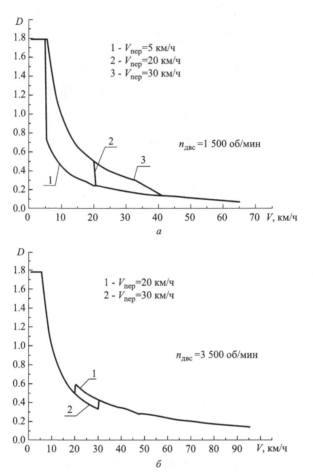

Рис. 2. 30. Изменение динамического фактора транс-портного средства при комбинированном варианте разгона при различных значениях *n* и *V* (а, б)

В случае разгона при частоте вращения вала ДВС, находя-щейся в диапазоне значений 2300 ··· 3200 об/мин качество пере-ходного процесса в первую очередь зависит от скорости Vпер (рис. 2. 31). Причем, чем выше частота вращения вала ДВС, при которой осуществляется разгон, тем меньше должно быть зна-чение скорости, при котором возможен плавный переход с ре-жима движения только за счет энергии аккумуляторных батарей на режим EVT1.

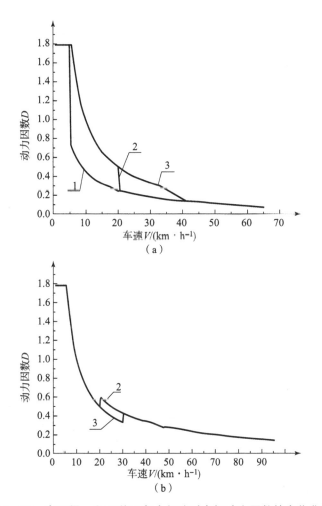

图 2-30 在不同 n 和 V 值下复合加速时车辆动力因数的变化曲线

(a) $n_{eng} = 1\,500$ r/min；(b) $n_{eng} = 3\,500$ r/min

1—$V_{пер} = 5$ km/h；2—$V_{пер} = 20$ km/h；3—$V_{пер} = 3$ km/h

在发动机输出轴转速在 $2\,300 \sim 3\,200$ r/min 内加速的情况下，切换过程的品质主要取决于速度值 $V_{пер}$（图 2-31）。此外，实施加速时发动机的转速越高，从仅使用动力电池组能量的驱动工况 EVT1 运行平滑切换的速度值应该越低。

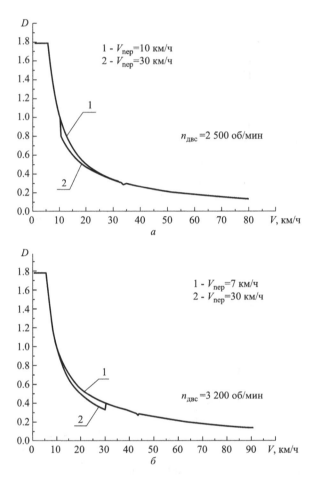

Рис. 2. 31. Изменение динамического фактора транспорт-ного средства при комбинированном варианте разгона при различных значениях *n* и V (*а*, *б*)

Переход с режима EVT1 на режим EVT2 всегда проходит весьма плавно, и качество этого перехода не зависит ни от частоты вращения вала ДВС, ни от скорости, при которой этот переход осуществляется.

На рис. 2. 32 и 2. 33 представлены графики изменения мощности и моментов электромашин А и В (соответственно N_A, N_B и M_A, M_B)

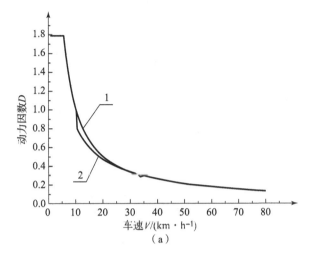

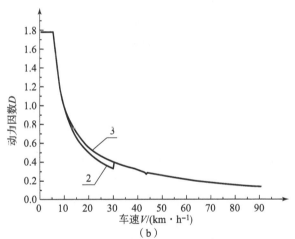

图 2-31 在不同 n 和 V 值下复合加速时车辆动力因数的变化曲线

(a) $n_{eng}=2\ 500$ r/min; (b) $n_{eng}=3\ 200$ r/min

1—$V_{пер}=10$ km/h; 2—$V_{пер}=30$ km/h; 3—$V_{пер}=7$ km/h

从 EVT1 工况到 EVT2 工况的切换总是非常平滑，这种切换的品质不取决于发动机转速或发生切换的速度。

图 2-32 和图 2-33 给出了在发动机输出轴转速为 2 700 r/min

и ДВС ($N_{двс}$ и $M_{двс}$), полученные для частоты вращения вала ДВС 2700 об/мин и скорости $V_{пер} = 27$ км/ч.

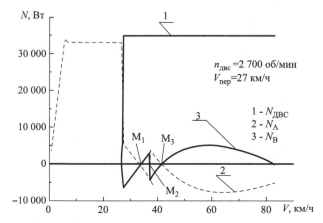

Рис. 2.32. Изменение мощности на ведомых валах агре-гатов трансмиссии **GM**

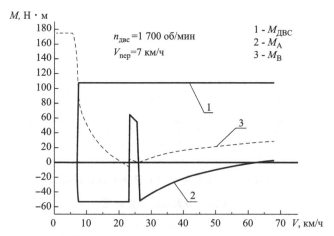

Рис. 2.33. Изменение моментов на ведомых валах агре-гатов трансмиссии **GM**

Из рис. 2.32 ясно, что кинематическая схема трансмиссии, разработанная фирмой GM, обеспечивает три механические точ-ки (M_1, M_2 и M_3).

和速度 $V_{nep}=27$ km/h 条件下，电机 A 和 B（分别为 P_A、P_B 和 M_A、M_B）以及发动机的功率和转矩（P_{eng} 和 M_{eng}）变化曲线。

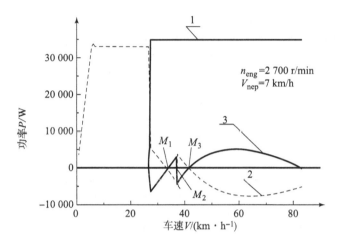

图 2-32　通用汽车变速器元件从动轴上的功率变化曲线

1—P_{eng}；2—P_A；3—P_B

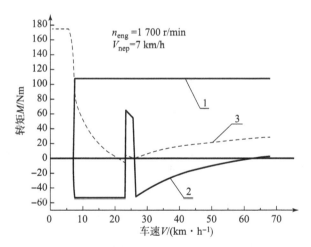

图 2-33　通用汽车变速器元件从动轴上的转矩变化曲线

1—M_{eng}；2—M_A；3—M_B

从图 2-32 可以很明显看出，通用汽车开发的变速器运动学方案提供了 3 个机械点（M_1、M_2 和 M_3）。需要强调，"机械点"通常

Повторим, что под термином «механическая точка» принято понимать такой режим работы трансмиссии, при котором вся мощность ДВС передается только механической частью трансмиссии. Кроме того, можно отметить, что при такой кинематической схеме в трансмиссии отсутствует циркуляция мощности, наличие которой было обнаружено при анализе трансмиссии THS.

Мощность, реализуемая электромашинами на режимах EVT1 и EVT2, значительно меньше максимальной мощности, которую могут развить эти электромашины (см. рис. 2.32). Только на ре-жиме движения, осуществляемого за счет энергии аккумулятор-ных батарей, электромашина B развивает мощность, близкую к максимальной (см. рис. 2.32). При этом значение динамического фактора более чем в 2 раза превосходит значение, определяе-мую сцепными качествами колес с дорогой, поэтому целесооб-разно использовать электромашины меньшей мощности. Для этого была отмасштабирована исходная внешняя характеристи-ка электромашин. Диапазон изменения частоты вращения ос-тался неизменным, а момент для каждого значения частоты вращения был умножен на коэффициент масштабирования. На рис. 2.34 представлена полученная таким образом гипотетиче-ская внешняя характеристика электромашин для коэффициента масштабирования 0,5.

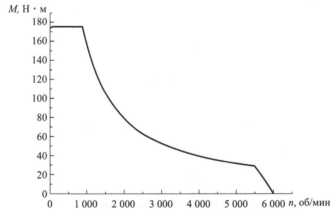

Рис. 2.34. Изменение модифицированной внешней характеристики электромашин

На рис. 2.35 для сравнения показаны два графика изменения динамического фактора. Один из них построен для трансмиссии с электромашинами мощностью 33 кВт, а второй для трансмиссии с электромашинами, внешняя характеристика которых представ-лена на рис. 2.34. Изменение мощности используемых электро-машин привело и к изменению параметров, определяющих плав-ный переход с режима движения, при котором используется только энергия аккумуляторных батарей, на режим EVT1. По-этому графики на рис. 2.35 построены для различных значений частоты вращения вала ДВС $n_{ДВС}$ и скорости перехода $V_{пер}$ с од-ного режима на другой.

是指发动机所有动力仅由变速器机械部分传递的工况。此外，可以注意到，在变速器这种运动学方案中，不存在功率循环，而在对THS变速器的分析中是存在功率循环的。

EVT1和EVT2工况下电机实现的功率，明显小于这些电机可以产生的最大功率（图2-32）。只有在使用动力电池组能量的运动工况下，电机B才会产生接近最大值的功率（图2-32）。同时，动力因数的值比路面附着系数值高2倍以上，因此建议使用功率较小的电机。为此，对电机的原始外特性进行了比例修正。转速范围保持不变，每个转速值的转矩乘上一个比例系数。图2-34给出了通过这种方式得到的比例系数为0.5的预计的电机外特性。

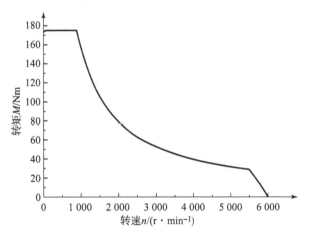

图2-34 修正后电机的外特性变化曲线

图2-35为了对比，给出了动力因数变化的两条曲线。其中，一条曲线是对应功率为33 kW电机的变速器，另外一条曲线适用于带有外特性如图2-34所示电机的变速器。所用电机功率的变化，也带来从仅使用动力电池组能量的驱动工况到EVT1工况平滑切换参数的变化。因此，图2-35的曲线是针对从一种工况到另一种工况发动机输出轴转速n_{eng}和转换速度V_{nep}的不同值绘制的。

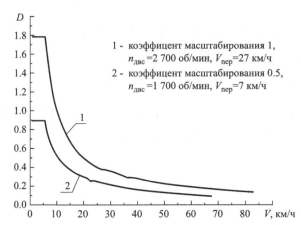

Рис. 2. 35. Изменение динамического фактора транс-портного средства с реальной (кривая 1) и модифи-цированной (кривая 2) внешней характеристикой электромашин

На рис. 2. 36 и 2. 37 показаны зависимости изменения мощно-сти и моментов электромашин А и В и ДВС. На графиках изме-нения мощности можно отметить диапазон значений скорости (участок АВ), на котором обе электромашины работают в режи-ме генератора, т. е. обе они работают на зарядку аккумулятор-ных батарей.

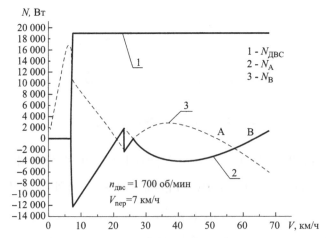

Рис. 2. 36. Изменение мощности на ведомых валах агрегатов трансмиссии GM

第 2 章　混合动力变速器车辆特性的运动学和牵引动力学分析　　109

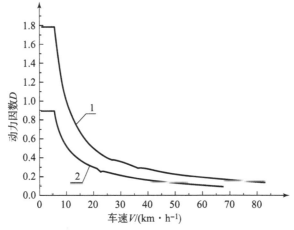

图 2-35　实际（曲线 1）和修正后（曲线 2）外部特性
电动车辆动力因数的变化曲线

1—实际外特性曲线，n_{eng} = 2 700 r/min；V_{nep} = 27 km/h；

2—修正外特性曲线，n_{eng} = 1 700 r/min；V_{nep} = 7 km/h

图 2-36 和图 2-37 给出了电机 A 和 B 以及发动机的功率和转矩变化的关系。在功率变化曲线上，可以看出 2 台电机的工况都为发电机工况，即都给动力电池组充电时的速度值范围（AB 区间）。

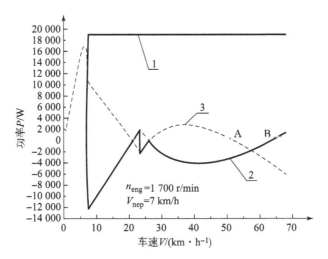

图 2-36　通用汽车变速器元件从动轴上的功率变化曲线

1—P_{eng}；2—P_A；3—P_B

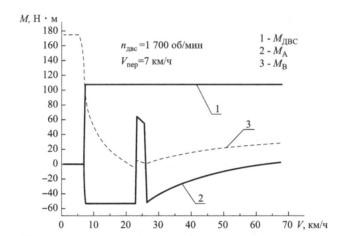

Рис. 2.37. Изменение моментов на ведомых валах агрегатов трансмиссии GM с модифицированной внешней характеристикой электромашин

При уменьшении мощности электромашин на 50 % характер зависимостей $\eta = f(V)$ и $D = f(V)$ (рис. 2.38) практически не изменяется, но следует отметить, что при скоростях движения бóльших 60 км/ч наблюдается уменьшение КПД всей трансмиссии. Это обстоятельство можно

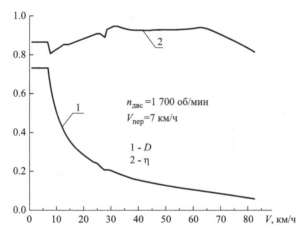

Рис. 2.38. Изменение динамического фактора и КПД транспортного средства с модифицированной внешней характеристикой электромашин при постоянной частоте вращения вала ДВС

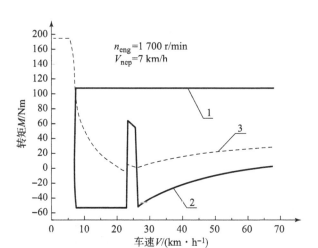

图 2-37 修正后外部特性电机通用汽车变速器从动轴上的转矩变化曲线

1—M_{eng}; 2—M_A; 3—M_B

随着电机功率降低到 50%，关系式 $\eta = f(V)$ 和 $D = f(V)$（图 2-38）的性质实际上并没有改变，但应该注意的是，在速度超过 60 km/h 时，整个变速器的效率降低。这种情况可以通过变速器电气部分传输的发动机功率显著增加来解释（图 2-36）。如果同样

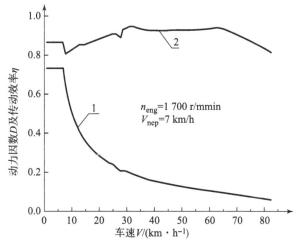

图 2-38 在发动机输出轴恒定转速下，修正外部特性电机车辆的动力因数和传动效率的变化曲线

1—D; 2—η

объяснить значительным увеличением доли мощности ДВС, передаваемой электрической частью трансмиссии (см. рис. 2. 36). Если же в процессе разгона увеличи-вать по линейному закону частоту вращения вала ДВС, например с 1700 до 3500 об/мин (рис. 2. 39), то это позволяет избежать рез-кого уменьшения КПД всей трансмиссии (рис. 2. 40).

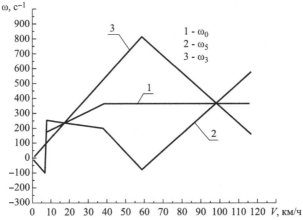

Рис. 2. 39. Изменение частоты вращения ведомых ва-лов агрегатов трансмиссии GM

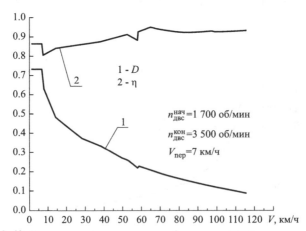

Рис. 2. 40. Изменение динамического фактора и КПД транспортного средства с модифицированной внешней характеристикой электромашин при переменной частоте вращения вала ДВС

在加速过程中,发动机输出轴的转速按照线性规律增加,如从 1 700 r/min 增加至 3 500 r/min(图 2 - 39),则可以避免整个变速器的效率急剧下降(图 2 - 40)。

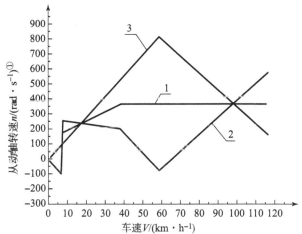

图 2 - 39 通用汽车变速器元件从动轴的转速变化曲线

1—ω_0;2—ω_5;3—ω_3

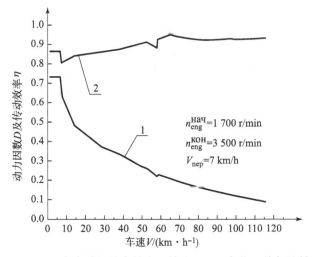

图 2 - 40 在发动机输出轴变化转速下,配备修正外部特性电机车辆的动力因数和传动效率的变化曲线

1—D;2—η

---

① 1 rad/s = $\dfrac{30}{\pi}$ r/min。

2.4. Торможение транспортного средства с трансмиссией GM

Проведем анализ работы трансмиссии GM в режиме торможения транспортного средства, т. е. найдем распределение потоков мощности и нагруженность звеньев планетарного механизма в случае, когда выходное звено x становится ведущим звеном.

Режим движения только на энергии аккумуляторных батарей

В этом случае кинетическая энергия движения транспортного средства полностью поглощается электромашиной B и затем накапливается в аккумуляторных батареях. Нагруженность звеньев трансмиссии и распределение потоков мощности для случая движения только на аккумуляторных батареях представлены на рис. 2.41.

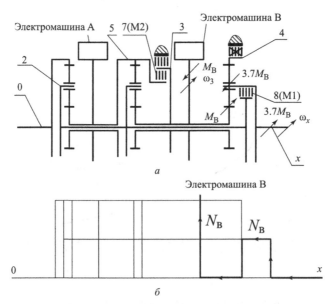

Рис. 2.41. Нагруженность звеньев (а) и распределение потоков мощности (б) в трансмиссии GM при торможении (при движении только за счет энергии аккумуляторных батарей)

2.4 配备通用汽车变速器车辆的制动

本节分析一下通用汽车变速器在车辆制动工况下的工作情况,即当输出元件 x 成为驱动元件的情况下,求得功率和行星机构元件负载的分配情况。

2.4.1 纯动力电池组能量驱动工况

在这种情况下,车辆运动的动能通过电机 B 转化为电能,然后储存在动力电池组中。在仅使用动力电池组驱动的情况下,变速器上元件负载和功率的分配如图 2-41 所示。

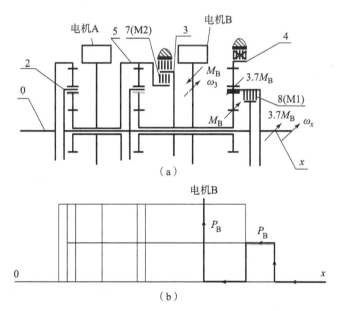

图 2-41 仅使用动力电池组的车辆制动期间通用汽车
变速器中的元件负载和功率分配图
(a) 元件负载;(b) 功率分配

Торможение с переводом ДВС в режим холостого хода

А. Режим EVT1: электромашина А—генератор; электрома-шина В—двигатель.

Для этого варианта режима работы ДВС нагруженность звень-ев планетарного механизма и распределение потоков мощности показаны на рис. 2. 42.

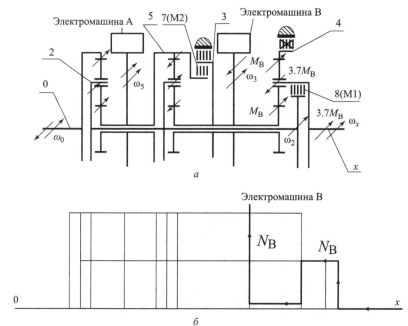

Рис. 2. 42. Нагруженность звеньев (а) и распределение пото-ков мощности (б) в трансмиссии GM при торможении при движении только на режиме EVT1

(электромашина А—ге-нератор; электромашина В—двигатель)

Несложный анализ равновесного состояниязвеньев показывает, что для равновесия звена 5 необходимо, чтобы электромашина А работала в режиме электродвигателя, т. е. мо-мент, развиваемый ею, должен иметь то же направление, что и на-правление, в котором происходит вращение этого звена. Но для этого необходим источник энергии, которым может быть либо блок аккумуляторных батарей, либо электромашина В. И то и дру-гое противоречит принятому допущению. Поэтому для реализации в этом случае режима торможения с рекуперацией кинетической энергии транспортного средства в электрическую необходимо пе-ревести электромашину А в

2.4.2 发动机转入怠速工况下进行制动

1. EVT1 工况：电机 A——发电机；电机 B——电动机

对于这种工况，行星机构元件负载和功率的分配如图 2-42 所示。

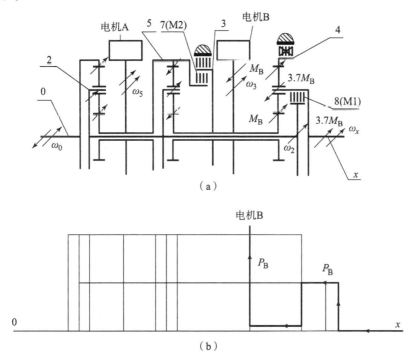

图 2-42 仅在 EVT1 工况下运行制动时，通用汽车变速器中的元件负载和功率分配图

(a) 元件负载；(b) 功率分配

电机 A—发电机；电机 B—电动机

对元件平衡状态的简单分析表明，要达到元件 5 的平衡，电机 A 必须以电动机工况工作，即它产生的转矩必须与这一元件的旋转方向同向。但为此必然需要能源，可以是来自动力电池组，或电机 B。这和假设相矛盾。因此，为了在这种情况下实现将车辆动能回收

нейтральный режим работы. В резуль-тате кинетическая энергия движения транспортного средства, так же как и в предыдущем случае, полностью трансформируется электромашиной В в электрическую и затем будет накапливаться в аккумуляторных батареях.

Таким образом, торможение с переводом ДВС в режим холо-стого хода возможно только в том случае, если электромашина А будет находиться в нейтральном состоянии.

Б. Режим EVT1: электромашина А—двигатель; электрома-шина В—генератор.

В этом случае кинетическая энергия движения транспортного средства распределяется между двумя электромашинами (А и В) и ДВС (рис. 2.43).

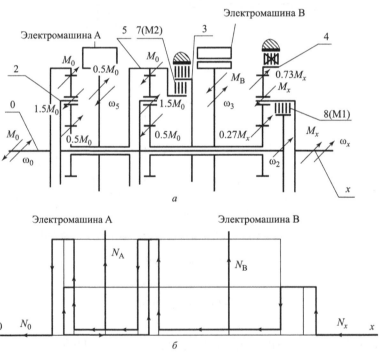

Рис. 2.43. Нагруженность звеньев (а) и распределение пото-ков мощности (б) в трансмиссии GM при торможении при движении только на режиме EVT1

(электромашина А—двигатель; электромашина В—генератор)

为电能的制动工况，必须将电机 A 转换到空挡工况。结果，车辆运动的动能，如前一种情况一样，被电机 B 完全转化为电能，然后储存在动力电池组中。

因此，只有当电机 A 处于空挡状态时，才可能在发动机转入怠速时进行制动。

2. EVT1 工况：电机 A——电动机；电机 B——发电机

在这种情况下，车辆运动的动能在 2 个电机（A 和 B）和发动机之间进行分配（图 2 - 43）。

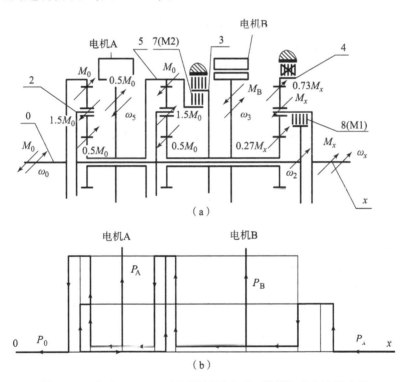

图 2 - 43　仅在 EVT1 工况下运行制动时，通用汽车变速器中的
元件负载和功率分配图
（a）元件负载；（b）功率分配
电机 A—电动机；电机 B—发电机

В. Режим EVT2: электромашина А—генератор; электрома-шина В—двигатель.

Такой режим работы трансмиссии невозможен, поскольку для получения равновесного состояния звена 5 необходимо изменить направление действия момента либо электромашины А, либо элек-тромашины В (рис. 2.44). В том и в другом случае электромашины должны будут работать в режиме электродвигателя, что, как отме-чалось выше, не соответствует принятому допущению.

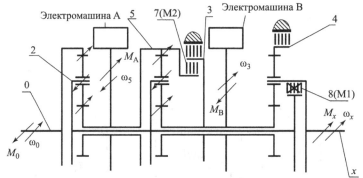

Рис. 2.44. Нагруженность звеньев в трансмиссии GM при торможении при движении только на режиме EVT2

(электромашина А—генера-тор; электромашина В—двигатель)

Г. Режим EVT2: электромашина А—двигатель; электрома-шина В—генератор.

В этом случае кинетическая энергия движения транспортного средства распределяется между тремя агрегатами: ДВС, электро-машиной А и электромашиной В (рис. 2.45). Для такой трансмис-сии торможение с рекуперацией кинетической энергии в электри-ческую при переводе ДВС в режим холостого хода возможно практически на всех режимах ее работы.

Торможение при работе ДВС в тяговом режиме

А. Режим EVT1: электромашина А—генератор; электрома-шина В—двигатель.

Нагруженность звеньев планетарного механизма и распределе-ние потоков мощности для этого случая представлены на рис. 2.46. На рисунке видно, что кинетическая энергия транспортного сред-ства полностью преобразуется электромашиной В, а часть энергии, вырабатываемой ДВС, преобразуется в электрическую энергию электромашиной А, а другая часть—электромашиной В.

3. EVT2 工况：电机 A——发电机；电机 B——电动机

变速器的这种工况是不可能的，因为为了获得元件 5 的平衡状态，必须改变电机 A 或电机 B 的转矩作用方向（图 2-44）。在任何一种情况下，电机都必须在电动机工况下运行，如前面所述，这与假设不符。

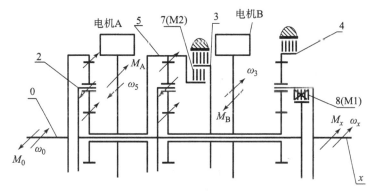

图 2-44 仅在 EVT2 工况下运行制动时，通用汽车变速器中的元件负载图

（a）元件负载；（b）功率分配

电机 A—发电机；电机 B—电动机

4. EVT2 工况：电机 A——电动机；电机 B——发电机

在这种情况下，车辆运动的动能在以下 3 个元件之间进行分配：发动机、电机 A 和 B（图 2-45）。对于这样的变速器，当发动机切换到怠速时，通过将动能回收为电能的制动在其几乎所有运行工况下都是可能的。

2.4.3 发动机在牵引工况下运转时的制动

1. EVT1 工况：电机 A——发电机；电机 B——电动机

对于这种情况，行星机构元件负载和功率分配如图 2-46 所示。从图上可见，车辆的动能完全由电机 B 转化为电能，而发动机产生的部分能量由电机 A 转化为电能，另一部分由电机 B 转化为电能。

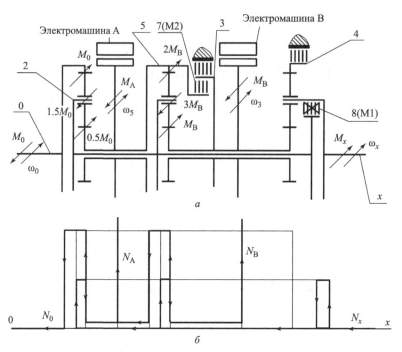

Рис. 2.45. Нагруженность звеньев (а) и распределение потоков мощности (б) в трансмиссии GM при торможении при движении только на режиме EVT2

(электромашина А—двигатель; электромашина В—генератор)

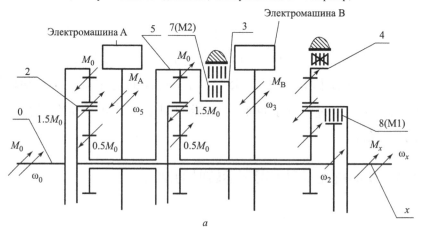

Рис. 2.46. Нагруженность звеньев (а) и распределение потоков мощности (б) в трансмиссии GM при торможении при движении только на режиме EVT1

(электромашина А—генератор; электромашина В—двигатель)

第 2 章　混合动力变速器车辆特性的运动学和牵引动力学分析

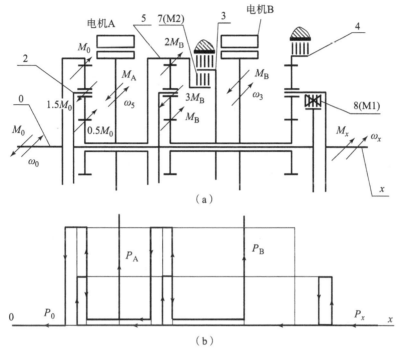

图 2-45　仅在 EVT2 工况下运行制动时，通用汽车变速器中的元件负载和功率分配图
(a) 元件负载；(b) 功率分配
电机 A—电动机；电机 B—发电机

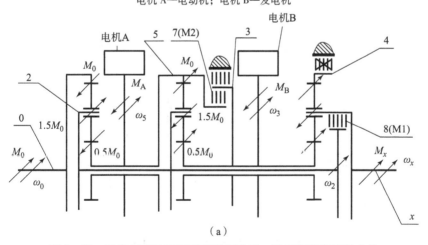

图 2-46　仅在 EVT1 工况下运行制动时，通用汽车变速器中的
元件负载和功率分配图
(a) 元件负载
电机 A—发电机；电机 B—电动机

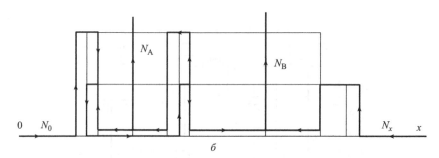

Рис. 2.46. Нагруженность звеньев (а) и распределение пото-ков мощности (б) в трансмиссии GM при торможении при движении только на режиме EVT1

(электромашина А—ге-нератор; электромашина В—двигатель)

Б. Режим EVT1: электромашина А—двигатель; электрома-шина В—генератор.

Для равновесного состояния звена 5 необходимо, чтобы элек-тромашина А работала в режиме электродвигателя (рис. 2.47). Но для этого требуется источник энергии, которым может быть либо блок аккумуляторных батарей, либо электромашина В. И то и дру-гое противоречит принятому допущению. Перевод электромаши-ны А в нейтральный режим недопустим, поскольку это нарушит равновесное состояние как звена 5, так и первого планетарного ряда ПР1 (см. рис. 1.5). Поэтому можно отметить, что такой режим работы трансмиссии недопустим.

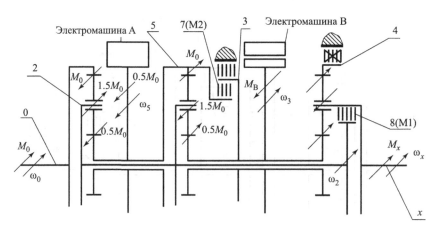

Рис. 2.47. Нагруженность звеньев в трансмиссии GM при торможе-нии при движении только на режиме EVT1

(электромашина А—двигатель; электромашина В—генератор)

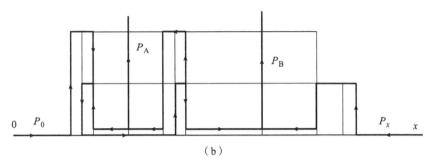

图 2-46 仅在 EVT1 工况下运行制动时，通用汽车变速器中的元件负载和功率分配图（续）

（b）功率分配

电机 A—发电机；电机 B—电动机

2. EVT1 工况：电机 A——电动机；电机 B——发电机

对于元件 5，为达到平衡状态，需要电机 A 工作在电动机工况（图 2-47），这必然需要能源，可以是来自动力电池组，或者电机 B，这和假设相矛盾。不允许将电机 A 转换到空挡工况，因为这会破坏元件 5 和行星齿轮排 1 的平衡状态，如图 1-5 所示。因此，需要注意，不允许变速器工作在这种工况。

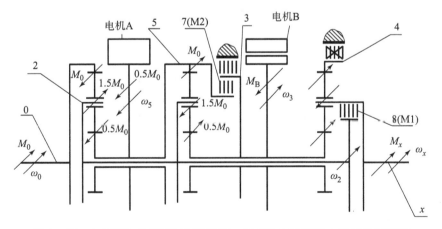

图 2-47 在 EVT1 工况下运行制动时，通用汽车变速器中的元件负载图

电机 A—电动机；电机 B—发电机

В. Режим EVT2: электромашина А—генератор; электрома-шина В—двигатель; ДВС—в тяговом режиме.

Нагруженность звеньев и распределение потоков мощности для этого режима показаны на рис. 2.48. Видно, что кинетическая энергия движения транспортного средства полностью поступает в электромашину В, а часть энергии ДВС передается в электрома-шину В, а другая часть—в электромашину А.

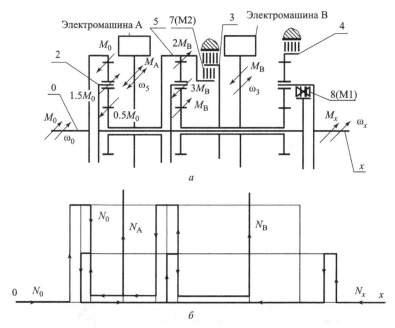

Рис. 2.48. Нагруженность звеньев (а) и распределениепотоков мощности (б) в трансмиссии GM при торможе-нии при движении только на режиме EVT2
(электрома-шина А—генератор; электромашина В—двигатель)

Г. Режим EVT2: электромашина А—двигатель; электрома-шина В—генератор; ДВС—в тяговом режиме.

Нагруженность звеньев и распределение потоков мощности для этого режима показаны на рис. 2.49. Видно, что кинетическая энергия движения транспортного средства полностью поступает в электромашину В, часть энергии ДВС идет в электромашину В, а другая часть—в электромашину А.

3. EVT2 工况：电机 A——发电机；电机 B——电动机，发动机——牵引工况

这种工况下元件负载和功率分配，如图 2-48 所示。可以看出，车辆运动的动能完全进入电机 B，而发动机的一部分能量传递给电机 B，另一部分则传递给电机 A。

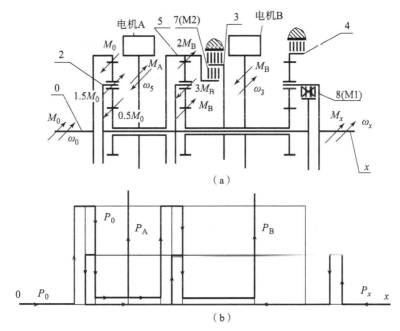

图 2-48 在 EVT2 工况下车辆制动期间，通用汽车变速器中的元件负载和功率分配图

(a) 元件负载；(b) 功率分配

电机 A—发电机；电机 B—电动机

4. EVT2 工况：电机 A——电动机；电机 B——发电机，发动机——牵引工况

这种工况下元件负载和功率分配，如图 2-49 所示。可以看出，车辆运动的动能完全进入电机 B，而发动机的一部分能量传递给电机 B，另一部分则传递给电机 A。

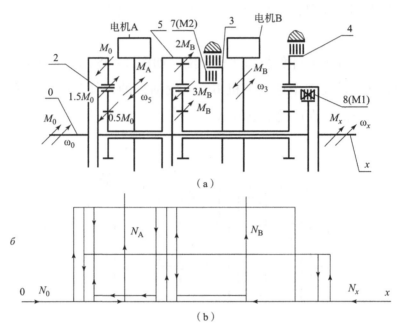

Рис. 2. 49. Нагруженность звеньев (а) и распределение потоков мощности (б) в трансмиссии GM при торможе-нии при движении только на режиме EVT2

(электрома-шина A—двигатель; электромашина B—генератор)

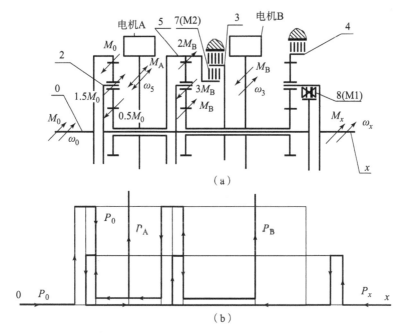

图 2-49 在 EVT2 工况下车辆制动期间，
通用汽车变速器中的元件负载和功率分配图

(a) 元件负载；(b) 功率分配

电机 A—电动机；电机 B—发电机

3. ВЫБОР ТЯГОВЫХ ЭЛЕКТРОМАШИН ДЛЯ ТРАНСПОРТНОГО СРЕДСТВА С ГИБРИДНОЙ ТРАНСМИССЕЙ

第3章 混合动力变速器车辆牵引电机的选择

3

ВЫБОР ТЯГОВЫХ ЭЛЕКТРОМАШИН ДЛЯ ТРАНСПОРТНОГО СРЕДСТВА С ГИБРИДНОЙ ТРАНСМИССЕЙ

Основу силовой цепи тягового электропривода (ТЭП) гибридной трансмиссии составляют тяговые электромашины (ТЭМ). Рассмотрим основные особенности эксплуатационных режимов ТЭМ в гибридных трансмиссиях и определим требования, предъявляемые к ним.

Специфика работы ТЭМ обусловлена главным образом двумя факторами [8]:

1) соизмеримостью мощности ДВС и мощности тяговых электродвигателей (ТЭД);

2) характером эксплуатационных режимов.

Первый фактор обобщенно выражается в условии равенства мощностей источников и потребителей:

$$\sum_1^{k_{эу}} P_{эу} = \sum_1^{m_д} P_д + \sum \Delta P_{ТЭП} + P_{в.о},$$

где $P_{эу}$ — мощность единичной энергоустановки, к которым относятся ДВС и накопительные элементы; $k_{эу}$ — число энергоустановок на транспортном средстве; $P_д$ — мощность единичного ТЭД; $m_д$ — число ТЭД; $\sum \Delta P_{ТЭП}$ — суммарные потери в ТЭП; $P_{в.о}$ — мощность, расходуемая на вспомогательное оборудование.

Рассмотрим второй фактор. Известно, что трассы движения транспортных средств в зависимости от назначения существенно различаются по покрытию и профилю. При этом нагрузки ТЭМ, определяемые силами сопротивления движению, варьируются в широких пределах как в функции управляющих сигналов водителя, так и независимо от водителя вследствие случайного изменения профиля пути, коэффициентов сцепления движителя с

第3章

混合动力变速器车辆牵引电机的选择

牵引电机是混合动力变速器电驱动的基础设备。下面分析混合动力变速器中牵引电机使用工况下的主要特性,并确定对它们的要求。

牵引电机的工作特性主要取决于 2 个因素[8]:发动机和牵引电机功率的可比拟性、使用工况的特性。

第一个因素一般用功率源和需求功率等式条件来表示:

$$\sum_{1}^{k_{\text{p.u.}}} P_{\text{p.u.}} = \sum_{1}^{m_{\text{T.M.}}} P_{\text{T.M.}} + \sum \Delta P_{\text{loss}} + P_{\text{consume}} \quad (3-1)$$

式中,$P_{\text{p.u.}}$ 为单个动力装置的功率,包括发动机和储能元件;$k_{\text{p.u.}}$ 为车辆上动力装置数量;$P_{\text{T.M.}}$ 为单台牵引电动机的功率;$m_{\text{T.M.}}$ 为牵引电动机的数量;$\sum \Delta P_{\text{loss}}$ 为电力牵引驱动回路的总损失;P_{consume} 为辅助设备消耗的功率。

再来分析第二个因素。众所周知,根据车辆的用途,其行进路线在路面状况和地形上会有很大差异。因此,由运动阻力决定的牵引电机载荷会在很大的范围内变化,这既是驾驶员控制信号的函数,也由于路面地形的随机变化、车轮与地面的附着系数、车轮的垂直

АНАЛИЗ И ПРОЕКТИРОВАНИЕ ГИБРИДНЫХ ТРАНСМИССИЙ ТРАНСПОРТНЫХ СРЕДСТВ НА ОСНОВЕ ПЛАНЕТАРНЫХ МЕХАНИЗМОВ

грун-том, вертикальных сил на отдельных колесах и др. Режимы работы ТЭМ не заданы в функции времени, так как зависят от скорости и условий движения транспортного средства (например, чередова-ние разгона, поворота, длительного подъема в гору, торможения). Таким образом, полное использование суммарной мощности ис-точников энергии в соответствии с тяговой характеристикой транспортного средства с гибридной трансмиссией с учетом воз-можной неравномерности загрузки ТЭМ и частого изменения ре-жимов работы является одним из главных назначений ТЭП.

Помимо указанных факторов к тяговому электрооборудованию (в первую очередь к ТЭМ) предъявляются жесткие требования по минимизации габаритов и массы и достижению высоких энергети-ческих показателей, что имеет первостепенное значение для транс-портных средств с автономным источником энергии соизмеримой мощности.

ТЭД в ТЭП обеспечивают реализацию заданной предельной и частичных тяговых характеристик транспортного средства, т. е. за-висимость силы тяги F на движителе от скорости транспортного средства V при номинальной свободной мощности $N_{св.\,н}$ (для пре-дельной характеристики) и мощности $N_{св}$ < $N_{св.\,н}$ —для частичных характеристик. Необходимо отметить, что в этом случае свободная мощность состоит из собственно свободной мощности ДВС и мощности, выдаваемой накопительными элементами. Обобщенная предельная тяговая характеристика транспортного средства пред-ставлена на рис. 3.1 [8]. Рассмотрим кратко эту характеристику.

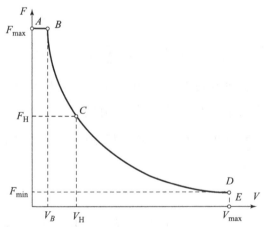

Рис. 3.1. Вид тяговой характеристики транспорт-ного средства с электрической трансмиссией

受力及其他因素而不取决于驾驶员的控制。

牵引电机工况没给出时间函数,因为它们取决于车辆运动的速度和条件(如交替加速、转弯、长上坡山路、制动)。因此,考虑到牵引电机可能出现的负载不均性和工况频繁变化的情况,根据混合动力变速器车辆牵引特性,充分利用动力源的总功率,是电力牵引驱动回路的主要作用之一。

除了上述因素之外,还对牵引电气设备(主要是牵引电机)尺寸、质量最小化和达到更高动力指标方面提出了严格的要求,这对于纯电驱动车辆至关重要。

电力牵引驱动回路中的牵引电机,需保证额定工况和部分工况牵引特性,即在额定功率 P_{PR}(对于极限使用工况)和 $P_P < P_{PR}$(对于部分工况)下车轮上牵引力 F 与车速 V 关系曲线。应该注意的是,此时系统功率由发动机自身功率和储能元件提供的功率组成。一般车辆的极限牵引特性曲线如图 3-1 所示[8]。下面简要分析一下这个特性。

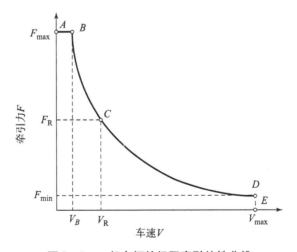

图 3-1 一般车辆的极限牵引特性曲线

АНАЛИЗ И ПРОЕКТИРОВАНИЕ ГИБРИДНЫХ ТРАНСМИССИЙ ТРАНСПОРТНЫХ СРЕДСТВ НА ОСНОВЕ ПЛАНЕТАРНЫХ МЕХАНИЗМОВ

Все возможные режимы работы ТЭП лежат в границах трех основных участков зависимости $F(V)$, соответствующих постоян-ству максимальной силы тяги F_{max} (линия AB на рис. 3.1), постоян-ству мощности $N_{св.\,н}$ (кривая BCD) и максимальной скорости V_{max} (линия DE). Участок постоянства реализуемой мощности состоит из двух зон—зоны длительного режима работы (кривая CD) и зоны кратковременного режима работы (кривая BC). Точки B и D зависимости $F(V)$ являются граничным и соответствуют выходу транспортного средства (и, следовательно, ТЭП) на режимы под-держания постоянства мощности $N_{св}$. н За номинальное значение силы тяги $F_н$ принимается такое, при котором транспортному средству с полной расчетной массой обеспечивается номинальная скорость $V_н$ на некотором усредненном наиболее часто встречаю-щемся профиле пути. Важно подчеркнуть следующее: диапазоны изменения значений силы тяги от F_{max} до F_{min} и скорости транс-портного средства от V_{min} (минимальная устойчивая скорость дви-жения) до V_{max} достаточно большие; в зависимости от типа транс-портного средства перегрузочная способность привода и кратность максимальной скорости могут достигать значений $F_{max}/F_н = 3 \cdots 4$; $V_{max}/V_н = 4 \cdots 6$. Соответственно изменяются момент на валу и уг-ловая скорость ТЭД.

Краткий анализ характеристики $F(V)$ показывает, что работа ТЭП не может быть обусловлена каким-либо конкретным режи-мом. На всех режимах ТЭП должны функционировать с требуе-мыми энергетическими показателями и надежностью. Ухудшение энергетических показателей приводит к снижению мощности, за-трачиваемой на силу тяги.

Таким образом, классические методики расчета и рекоменда-ции по выбору характеристик электромашин как постоянного, так и переменного тока невозможно использовать в практике создания ТЭП транспортных средств с гибридной трансмиссией без соот-ветствующего уточнения. Противоречивость основных требова-ний: минимизация габаритов и массы—с одной стороны, дости-жение максимально возможных значений КПД ТЭП—с другой, вызывает необходимость выявления новых принципов проекти-рования, базирующихся на имитационном математическом моде-ровании рабочих процессов, протекающих в ТЭП. Указанная осо-бенность целиком относится и к определению законов регулирования ТЭП, существенно влияющих на массогабаритные и энергетические показатели электромашин.

Из существующих в настоящее время электромашин выделим три основных типа, с помощью которых можно реализовать тяго-вую характеристику транспортного средства близкую к изобра-женной на рис. 3.1. Это двигатели постоянного тока с последова-тельнымвозбуждением (ДПТПВ), электроприводс использованием асинхронных двигателей с частотным регулиро-ванием (АД ЧР) и вентильно-индукторные электромашины (ВИМ).

Электропривод с ДПТ ПВ на электрическом транспорте ис-пользуется давно и получил широкое применение. На рис. 3.2 представлены характеристики реостатного регулирования скоро-сти ДПТ ПВ [9]. Особенностью полученных характеристик явля-ется относительно высокие

电力牵引驱动回路的所有可能工况都位于关系曲线 $F(V)$ 的 3 个主要区间边界内，分别对应于最大牵引力 F_{max} 恒定（图 3-1 中的直线段 AB），功率 P_{PR} 恒定（曲线段 BCD）和最大速度 V_{max}（直线段 DE）。实现功率恒定段由两个区间组成—连续工况区间（曲线 CD）和短时间工况区间（曲线 BC）。$F(V)$ 关系曲线的 B 点和 D 点是边界点，对应于车辆（以及相应的电力牵引驱动回路）进入保持功率 P_{PR} 恒定的工况。额定牵引力值 F_R 是指保证具有全部设计质量的车辆在一些平时最常遇到道路地形上以额定速度 V_R 运行时的牵引力。

需要强调的是牵引力值从 F_{max} 到 F_{min} 和车速从 V_{min}（最小稳定运行速度）到 V_{max} 的变化范围相当大；同时，根据车辆类型，驱动器的过载能力和最大速度的倍数可以达到值 $F_{max}/F_R = 3 \sim 4$；$V_{max}/V_R = 4 \sim 6$，此时牵引电机输出轴上的转矩和转速相应变化。

对 $F(V)$ 特性的简要分析表明，电力牵引驱动回路的运行不受任何特定工况的限制。在所有工况下，电力牵引驱动回路都必须以所需的动力指标和可靠性运行。动力指标的下降将导致保持牵引力所需功率的下降。

因此，在没有明确说明的情况下，无论是选择直流还是交流电机的特性，经典的计算方法和建议不能应用于混合动力变速器车辆电力牵引驱动回路的实践中。

主要矛盾一方面体现在要求尺寸和质量的最小化，另一方面要实现电力牵引驱动回路效率的最大值，这就要探寻基于电力牵引驱动回路工作过程模拟和数学建模的新设计理念。上述特性宏观上就是确定影响电机质量、尺寸及动力指标的电力牵引驱动回路的控制方法。

在目前的电机中，我们将挑选出 33 种主要类型，以实现接近图 3-1 曲线所示车辆的牵引特性。它们是串励直流电机、变频异步电机驱动器和开关磁阻电机。串励直流电机电力驱动在电力车辆上

значения частоты вращения w при ма-лых значениях моментов M нагрузки, при этом значение момента не опускается до нуля. Однако, несмотря на гиперболический вид зависимости, она не является кривой постоянной мощности, и при увеличении нагрузки значительно возрастают потери. К недостат-кам использования ДПТ ПВ в транспортных средствах можно отнести их большую массу и наличие коллекторного узла, который сложен в изготовлении и ремонте.

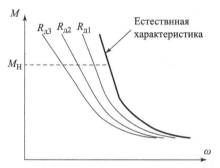

Рис. 3. 2. Электромеханическая характеристика ДПТ ПВ при реостатном регулировании частоты вращения w
($R_д$—сопротивление реостата; $М_н$—номинальный момент)

В последнее время в качестве регулируемого электропривода повсеместно применяется АД ЧР [9]. Обеспечивается непрерывное регулирование скорости АД ЧР в широком диапазоне значений, при этом не происходит увеличения его скольжения, что обуслов-ливает невысокий уровень потерь скольжения, свойственный только этому виду электропривода. Однако для обеспечения высо-ких энергетических показателей необходимо наряду с частотой вращения АД ЧР изменять и значение подводимого напряжения. Рациональный закон изменения напряжения при этом зависит от характера изменения нагрузки.

Механическая характеристика электропривода с АД ЧР представ-лена на рис. 3. 3. В области пониженных значений частоты вращения электропривода с АД ЧР напряжение уменьшают для обеспечения максимального момента равного номинальному и сохранения перегру-зочной способности АД ЧР на прежнем уровне. В области низких зна-чений частоты вращения электропривода с АД ЧР напряжение остав-ляют постоянным. В области повышенных значений частоты вращения напряжение остается постоянным, а момент уменьшается с увеличением частоты вращения. Данный тип ТЭП конкурентоспосо-бен по сравнению со всеми ТЭП, применяемыми на транспортных средствах. Единственный недостаток, который можно указать,—это

使用最早，应用广泛。图 3-2 给出了变阻器调速串励直流电机的机械特性曲线。特性曲线的特点，是在负载低转矩值 M 时，相对较高的转速值 ω，同时转矩值不会降至零。然而，尽管关系曲线呈现双曲线形状，但它不是恒定功率曲线，并且随着负载的增加，损耗显著增加。在车辆中使用串励直流电机的缺点，可归因于它们的较大质量以及存在制造和维修复杂的集电环单元。

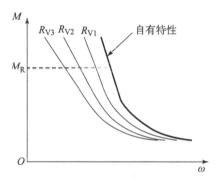

图 3-2　变阻器调速串励直流电机的机械特性曲线

R_V—变阻器的电阻；M_R—额定转矩

近年来，变频异步电机驱动器已被广泛用作可调电力驱动器[9]。变频异步电机保证在大范围内连续调速特性，同时不增加其滑差，这是由这种电机具有的低水平滑差损耗决定的。然而，为了确保高动力指标，需要随着变频异步电机转速而改变供电电压值。这种情况下电压变化的合理规律取决于负载变化的性质。

变频异步电机电力驱动器的机械特性曲线如图 3-3 所示。在变频异步电机电力驱动器转速值较低的区域，电压降低以确保等于额定值最大转矩，并保持变频异步电机先前水平的过载能力。在变频异步电机电力驱动器转速值低的区域中，电压保持恒定。在转速较高的区域，电压保持恒定，转矩随着转速的增加而减小。与车辆上使用的所有电力牵引驱动回路相比，这种类型的电力牵引驱动回路

затрудненный способ организации длительных стоповых режимов.

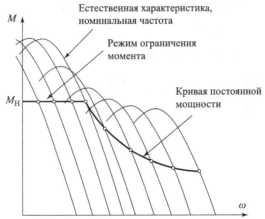

Рис. 3.3. Электромеханическая характеристика ДПТ ПВ при частотном регулировании частоты вращения ω

В начале 1980-х годов в зарубежной научно-технической лите-ратуре появились материалы о новом типе электромашин—SRD (Switched Reluctance Drive—вентильно-индукторный двигатель) [10]. В последние годы многими зарубежными университетами, исследовательскими центрами и фирмами (Германия, Великобри-тания, Швеция, Италия, США, Австралия, Япония и др.) ведутся интенсивные разработки этого типа электромашин для различных областей применений. Электромашины очень просты, дешевы, надежны и имеют неодинаковое число явно выраженных полюсов на статоре и роторе и электронный коммутатор (электрический преобразователь с развитым микропроцессорным управлением).

По основным массогабаритным и энергетическим показателям вентильно-индукторный привод (ВИП) не уступает, а по ряду по-казателей даже превосходит, например, прекрасно отработанные и широко применяемые АД ЧР. Некоторые конструктивные и функ-циональные особенности ВИП— отсутствие каких-либо обмоток на роторе, имеющем меньший, чем у обычных электромашин, мо-мент инерции, простые, легко сменяемые катушечные обмотки статора, большие моменты при низкой и высокой частоте враще-ния, гибкое управление скоростью и моментом, достаточно про-стая реализация тормозных режимов и т. п. — делают этот привод весьма привлекательным как для общепромышленного примене-ния, так и для использования в специальных высокоскоростных или высокомоментных электроприводах.

Особенность ВИП состоит в применении ВИМ с различным числом полюсов статора и зубцов на роторе (как правило, в пре-делах 4 – 12)

更具有竞争力。唯一的缺点是其设置长停工况的复杂方法。

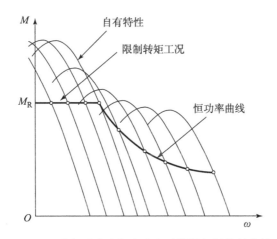

图 3-3 变频异步电机电力驱动器的机械特性曲线

20 世纪 80 年代初期，研究文献中出现了一种新型电机——开关磁阻电机（Switched Reluctance Drive，SRD）的资料介绍[10]。近年来，许多俄罗斯以外国家（德国、英国、瑞典、意大利、美国、澳大利亚、日本等）的大学、研究中心和公司都在为各种应用领域集中开发这种类型的电机。这种电机结构非常简单、造价便宜、工作可靠，并且在定子和转子上具有数量不等的表面凸起的电极和一个电子换向器（带先进微处理器控制的电气转换器）。

在主要质量、尺寸和动力指标上，开关磁阻驱动器并不逊色，而在多项指标上甚至超越广泛使用的变频异步电机。开关磁阻驱动器的一些设计和功能特点包括：与一般电机相比有较小惯量矩的转子上没有任何绕组；简单、易于更换的定子绕组；低速和高速下的力矩大；灵活的速度和转矩控制；可简单实现制动工况等。这些使这种驱动器不仅使用于一般工业，还对特种高速或大转矩电力驱动领域非常有吸引力。

开关磁阻驱动器的特点在于使用转子上凸缘和定子极数不相同

(рис. 3. 4). Механиче-ская характеристика ВИП показана на рис. 3. 5.

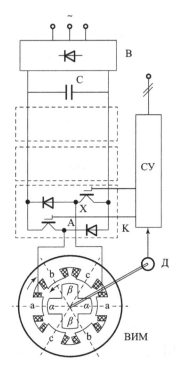

Рис. 3. 4. Упрощенная функциональ-ная схема ВИП

(В—выпрямители; С—конденсатор; С$_у$—система управления К—коммутатор;

Д—датчик; A – X—вывод обмотки; a, b, c — обмотки ВИМ;

α, β—полюса ротора)

ВИП обладает комплексом свойств, выгодно отличающих его от существующих аналогов [10] и определяющих возможность его использования в качестве массового регулируемого электропривода но-вого поколения. По прогнозу фир-мы Motorola, тенденция развития ВИП резко возрастает, тенденция развития АД ЧР также возрастает, но в меньшей степени, а тенденция развития ДПТ ПВ убывает.

Простота исполнения ВИП, высокая технологичность, низкая стоимость и надежность электромашин, возможность создания простого и надежного коммутатора на современной элементной базе, функциональная гибкость и

(通常在 4~12) 的开关磁阻电机 (图 3-4)。

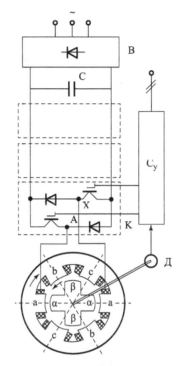

图 3-4 开关磁阻驱动器的简化功能图

B—整流器；C—电容器；C_y—控制系统；K—换向器；Д—传感器；
A，X—绕组接头；a，b，c—开关磁阻电机绕组；α，β—转子磁极

开关磁阻驱动器的机械特性曲线如图 3-5 所示。

开关磁阻驱动器具有一系列特性，使其与现有类似产品[10]有明显区别，并决定了其用作新一代大规模可调电力驱动器的可能性。根据摩托罗拉公司的预测，开关磁阻驱动器发展趋势大幅加速，变频异步电机发展趋势也有所增加，但幅度较小，而串励直流电机发展趋势正在下降。

开关磁阻驱动器结构形式的简单性、电机的高可制造性、低成本和可靠性、在现代元器件基础上构建简单可靠换向器的可能性、功能灵活性和高动力性能指标，使这种驱动器非常有希望在各个现

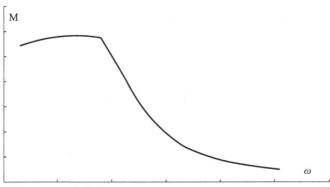

Рис. 3. 5. Механическая характеристика ВИП

высокие энергетические показа-тели делают этот привод весьма перспективным для широкого применения в различных отраслях современной техники, в том числе и на транспортных средствах с гибридной трансмиссией. Поэтому остановимся подробнее на определении характеристик ВИП как наиболее перспективного типа ТЭП.

Проектированию ВИМ посвящены работы многих авторов [11 – 13] . В этом пособии ограничимся описанием программы《ВИД – ПРОЕКТ – Проектирование ВИМ》, разработанной в МЭИ на кафедре 《Автоматизированный электропривод》(рис. 3. 6).

Рис. 3. 6. Окно программы 《ВИД – ПРОЕКТ – Проектирование ВИМ》

第3章 混合动力变速器车辆牵引电机的选择 145

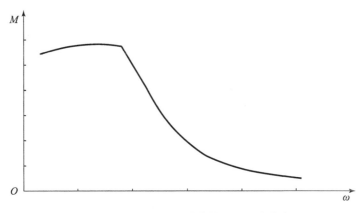

图3-5 开关磁阻驱动器的机械特性曲线

代技术领域中广泛应用,包括在具有混合动力变速器的车辆上。因此,下面更详细地讨论被认为最有前途的电力牵引驱动回路类型的开关磁阻驱动器特性的一些具体问题。

许多研究人员的文献都说明了开关磁阻电机的设计问题[10-13]。在本书中,我们将仅限于说明由莫斯科电力驱动自动化教研室开发的"开关磁阻电机设计视图"程序(图3-6)。

图3-6 "开关磁阻电机设计视图"程序窗口

Интерфейс программы выполнен в виде диалога. Проектиров-щик отвечает на вопросы, появляющиеся на экране (вводит циф-ровые значения запрашиваемых параметров), подтверждая каждый ответ нажатием клавиши «Enter». Если проектировщик хочет из-менить введенные данные, то вместо клавиши «Enter» он нажима-ет клавишу «Esc», и окно появляется заново.

Работа с программой начинается с ввода исходных данных, та-ких, как номинальная частота вращения ВИП (об/мин), номиналь-ная мощность ВИП (кВт), число фаз обмоток статора и номиналь-ное фазное напряжение (В). Далее проектировщику предлагается выбрать из стандартного ряда число зубцов статора и ротора (6, 12, 24, ··· для статора и 4, 8, 16, ··· для ротора).

Затем выбирают геометрию магнитной системы ВИМ. Основ-ными параметрами, характеризующими геометрию ВИМ, являют-ся (рис. 3.7):

N_S — число зубцов статора;

N_R — число зубцов ротора;

R_δ — радиус расточки статора;

δ — воздушный зазор между зубцом статора и зубцом ротора в согласованном положении;

β_S — угловой размер зубца статора;

β_R — угловой размер зубца ротора по диаметру воздушного зазора.

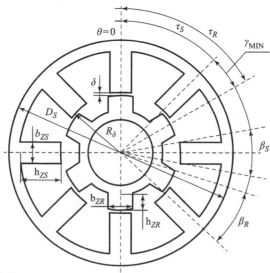

Рис. 3.7. Геометрические параметры магнитной системы ВИМ

Указанные геометрические параметры названы основными, потому что именно они наряду с магнитодвижущей силой (МДС) обмотки, длиной

程序界面设计为对话形式。设计者回答出现在屏幕上的问题（输入请求参数的数值），通过按下"Enter"键确认每个数值。如果设计者想改变输入的数据，那么按下"Esc"键，而不是"Enter"键，窗口再次弹出。

程序运行从输入初始数据开始，如开关磁阻驱动器的额定转速（r/min）、开关磁阻驱动器的额定功率（kW）、定子绕组的相数和额定相电压（V）。然后，要求设计者从标准序列内选择定子和转子的凸缘数（定子为6、12、24……，转子为4、8、16……）。

接着选择开关磁阻电机励磁系统的几何形状。表征开关磁阻电机几何形状的主要参数有（图3-7）：N_S为定子凸极数；N_R为转子凸极数；R_δ为定子镗孔的半径；δ为定子凸极与转子凸极之间的气隙长度；β_S为定子凸极的角尺寸；β_R为气隙径向的转子凸极角尺寸。

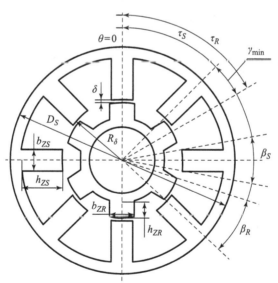

图3-7 开关磁阻电机励磁系统的几何参数

这些几何参数被称为主要参数，因为正是它们与绕组的磁动势（MDF）、束的长度和钢的磁性一起决定了开关磁阻电机产生的转矩、

пакета и магнитными свойствами стали опреде-ляют развиваемый ВИМ момент, зону его эффективного воспроиз-ведения, число фаз обмотки, а также соотношение между частотой коммутации и угловой скоростью ротора.

Дополнительными геометрическими параметрами являются внешний диаметр пакета статора D_S, внешний диаметр пакета рото-ра D_R, диаметр вала ротора $D_{вала}$, а также связанные с ними и с ос-новными параметрами высота зубца статора h_{ZS} и ротора h_{ZR}, тол-щина ярма статора $b_{яS}$ и ярма ротора $b_{яR}$, ширина зубца статора b_{ZS} и ротора b_{ZR}, угловой шаг статора τ_S и ротора τ_R ($\gamma_{min} = \tau_R - \tau_S$), угол коммутации θ.

На этапе выбора геометрии магнитной системы ВИМ про-грамма запрашивает внешний диаметр пакета статора, диаметр пакета ротора и воздушный зазор, предлагая выбрать оптимальные значения двух последних параметров в зависимости от первого. Отметим, что геометрию магнитной системы ВИМ выбирают с учетом конструктивных особенностей проектируемой гибридной трансмиссии, поэтому значение диаметра ротора не всегда будет совпадать с рекомендуемым оптимальным значением.

Затем программа прорисовывает магнитную систему в виде статора и ротора и представляет ее параметры: внешний диаметр, угол зуба, ширину зуба, высоту зуба и высоту ярма (рис. 3. 8). Про-ектировщик может изменить указанные параметры, введя номер позиции того параметра, который подлежит изменению, а затем введя новое значение параметра. При этом программа автоматиче-ски изменит рисунок магнитной системы электромашины.

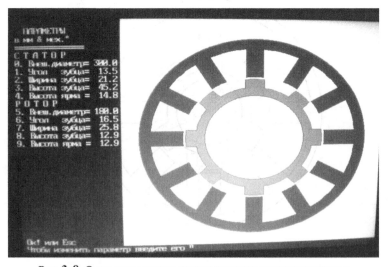

Рис. 3. 8. Окно программы с геометрическими параметрами магнитной системы ВИМ

有效再生区域、绕组的相数,以及开关频率与转子的角速度之间的关系。

补充几何参数包括:定子束的外径 D_S、转子束的外径 D_R、转子轴的直径 D_{rs}。其他相关的参数包括:定子和转子凸极高度 h_{ZS}、h_{ZR},定子磁轭和转子磁轭的厚度 b_{sy}、b_{ry},定子和转子凸极的宽度 b_{ZS}、b_{ZR},定子和转子的角步距节 τ_S、τ_R($\gamma_{min} = \tau_R - \tau_S$),开关角 θ。

首先,在选择开关磁阻电机磁系统几何形状阶段,程序要求输入定子束的外径、转子束的直径和气隙,根据第一个参数情况选择最后两个参数的最佳值。需要注意,开关磁阻电机磁系统几何形状的选择,是考虑了正在设计的混合动力变速器的结构特征。因此,转子直径的值并不总是与推荐的最优值相一致。

其次,程序以定子和转子的视图绘制磁系统并显示其参数,即外径、凸极角、凸极宽、凸极高和磁轭高度(图3-8)。设计者可以通过输入要更改指定参数的位置编号,然后为该参数输入新值。同时,程序会自动重新绘制电机磁系统的视图画面。

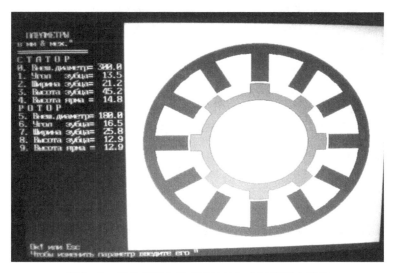

图3-8 开关磁阻电机磁系统几何参数的程序窗口

АНАЛИЗ И ПРОЕКТИРОВАНИЕ ГИБРИДНЫХ ТРАНСМИССИЙ ТРАНСПОРТНЫХ СРЕДСТВ НА ОСНОВЕ ПЛАНЕТАРНЫХ МЕХАНИЗМОВ

Далее производится предварительная оценка магнитных и электрических величин ВИМ. Для этого программа запрашивает следующие параметры:

- расчетная плотность тока фазы ($A/мм^2$) — выбирается с уче-том условий охлаждения обмотки: до 6 $A/мм^2$ — охлаждение са-мовентиляцией; если расчетная плотность тока выше, то необхо-дима дополнительная система охлаждения электромашины;

- расчетная длина пакета статора — выбирается из конструк-тивных соображений и может быть взята из предлагаемого диапа-зона рациональных значений длины по минимуму активных мате-риалов ВИМ;

- расчетное число витков катушки.

Проектировщик может не соглашаться с выдаваемыми про-граммой рекомендациями и устанавливать свои значения пара-метров.

Далее программа делает предварительную оценку величин (ак-тивные материалы, токи и обмоточные данные, баланс МДС при насыщении в зазоре, показатели цикла коммутации).

Затем производится расчет катушки зуба статора при стан-дартном диаметре провода и числе витков, близком к ранее за-данному (рис. 3.9). Программа может выдать несколько вариан-тов катушек. Тогда проектировщик

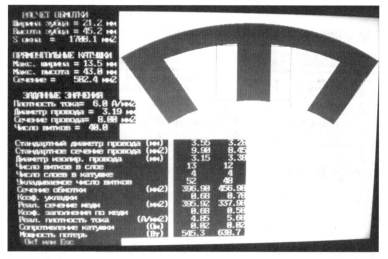

Рис. 3.9. Окно программы с расчетом обмотки зуба статора ВИМ

再次，对开关磁阻电机的磁电值进行初步评估。为此，程序要求提供以下参数：

①设计的相电流密度（A/mm²）。选择时要考虑绕组冷却条件，到 6 A/mm²，可以自通风冷却；如果设计的电流密度更高，则需要额外的电机冷却系统。

②定子束的设计长度。可以从结构方案中选择，也可以从最少开关磁阻电机有源材料的合理长度范围中选取。

③设计的线圈匝数。

设计者可以拒绝程序给出的建议并设置自己的参数值。

下一步程序是对数值进行初步评估（有源材料、电流和绕组数据、间隙饱和时的磁动势平衡、开关周期指标）。

最后，利用标准线径和接近先前指定的匝数来计算定子凸极线圈（图3-9）。本程序可以为线圈生成多个方案选项。这时设计者通过输入行号来选择希望的方案选项。可能会发生具有所选参数的

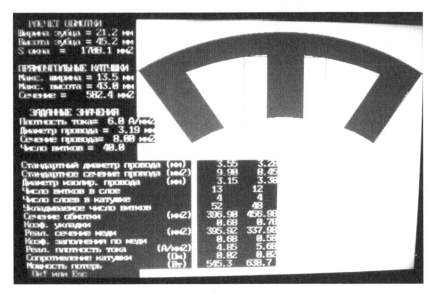

图3-9 开关磁阻电机定子凸极绕组计算的程序窗口

выбирает желаемый вариант, вводя номер столбца. Может получиться так, что обмотка с вы-бранными параметрами не помещается в паз статора. Тогда про-грамма выдаст сообщение об этом. В этом случае проектировщикдолжен изменить число витков катушки или геометрию магнит-ной системы. В дальнейшем программа выдает типовые парамет-ры управления, такие, как углы коммутации, ограничение макси-мальных значений тока и условия работы двигателя.

К углам коммутации относятся угол включения положительно-го напряжения на обмотку фазы статора, угол отключения поло-жительного напряжения и угол включения отрицательного напря-жения, которое подается для того, чтобы быстрее размагнитить зуб статора. Изменяя эти углы, можно раньше или позже включать и отключать обмотку фазы статора и тем самым влиять на мощность двигателя в данном режиме.

К максимальным значениям тока относятся допустимые ам-плитудные значения токов, возникающих в обмотках статора в двигательном (когда зубец ротора приближается к средней линии зубца статора) и генераторном (когда зубец ротора удаляется от средней линии зубца статора) режимах.

Под условиями работы понимаются частота вращения и рабо-чее напряжение ВИП в процентах от ранее заданного номинально-го напряжения.

Если проектировщика какой-либо из параметров не устраивает, он может изменить его, введя его номер и новое значение парамет-ра. После окончательного введения параметров расчета программа строит графики процессов за один цикл коммутации (ток фазы, мо-мент, поток, проводимость зазора, суммарная МДС и МДС зазора, зубца статора и ротора и ярма статора) и выдает численные резуль-таты расчетов, такие, как частота вращения, средний момент, мак-симальная мощность, токи и электрические потери (рис. 3.10).

Наиболее интересными для проектировщика результатами расчета являются средний за цикл коммутации момент и макси-мальная мощность. Их значения можно увеличить, изменяя углы коммутации. Например, если раньше отключить фазу (углы от-ключения положительного напряжения и включения отрицатель-ного напряжения сделать −5° вместо 0°), что генераторный мо-мент, отрицательно влияющий на тяговые свойства электродви-гателя, снизится, что приведет к росту среднего значения момен-та и максимальной мощности.

Таким образом, опираясь на графики процессов и результаты расчетов, проектировщик должен подобрать параметры управле-ния, оптимальные для конкретного режима работы двигателя.

Отметим, что для получения максимальной мощности двигате-лей данного типа требуется изменение углов коммутации при раз-ной частоте вращения. Поэтому, просчитав номинальную точку, проектировщик должен

绕组不适合定子槽的情况。此时程序将显示一条相应的提示消息。

遇到这种情况，设计者必须更改线圈的匝数或磁系统的几何形状。随后，程序会给出典型的控制参数，如开关角、最大限制电流值和电机运行条件。

开关角包括定子相绕组上的正电压接通角、正电压关断角和负电压接通角，以用于使定子凸极快速消磁。通过改变这些角度以提前或者迟滞开/关定子相绕组供电，从而影响这种工况下的电机功率。

最大限制电流值是指实现定子绕组以电动机（转子凸极接近定子凸极中心线时）和发电机（转子凸极远离定子凸极中心线时）工况时允许的电流幅值。

电机运行条件是指开关磁阻驱动器转速和工作电压占先前给定的额定电压的百分比。

如果设计者对任何参数不满意，那么其可以通过输入参数编号和新值来进行更改。输入计算参数后，程序将建立一个开关周期的参数曲线（相电流、转矩、磁通量、间隙磁导率、总磁动势和间隙磁动势、定子和转子凸极、定子磁轭）并给出数值计算结果，如转速、平均转矩、最大功率、电流和电气损耗（图3-10）。

设计者最感兴趣的计算结果是开关周期内的平均转矩和最大功率。它们的值可以通过改变开关角度来增加。例如，如果提前断相（关断正电压和接通负电压的角度用-5°替代0°），对电机牵引性能产生负面影响的发电机转矩将降低，这将导致转矩平均值和最大功率的增加。

因此，基于过程曲线图和计算结果，设计者需选择最适合发动机特定运行工况的控制参数。

需要注意，要获得此类电机的最大功率，需要在不同转速下改变开关角。因此，在计算额定点后，设计者还必须设计研发电机所

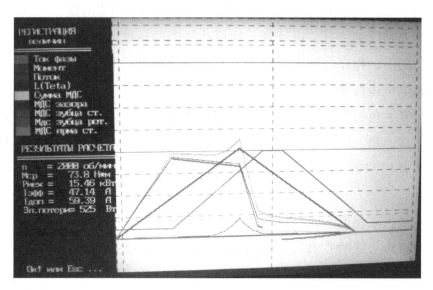

Рис. 3. 10. Окно программы с построением графиков процессов коммута-ции ВИМ

также получить и несколько других точек, на которых будет работать разрабатываемый двигатель. Анало-гичным образом просчитываются и « частичные » характеристики двигателя при пониженном рабочем напряжении.

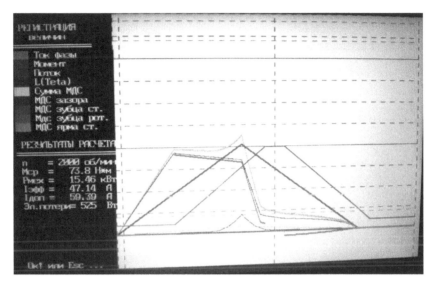

图 3-10 开关磁阻电机开关过程曲线图创建程序窗口

需的其他几个工作点。工作电压降低时电机的具体特性可以用类似的方式计算。

ЛИТЕРАТУРА

参考文献

ЛИТЕРАТУРА

1. *Schultz G. A.*, *Tsai L.-W.*, *Higuchi N.*, *Tong I. C.* Development of a Novel Parallel Hybrid Transmission // SAE paper. № 2001. 01. 0875.

2. *Ai X.*, *Anderson S.* An Electro-Mechanical Infinitely Variable Transmis-sion for Hybrid Electric Vehicles // SAE paper. № 2005. 01. 0281.

3. *Hermance D.*, *Abe Sh.* Hibrid Vehicles Lessns Learned and Future Prospects // SAE paper. 2006. 21. 0027.

4. *Grewe T. M.*, *Conlon B. M.*, *Holmes A. G.* Defining the General Motors 2-Mode Hybrid Transmission // SAE paper. 2007. 01. 0273.

5. *Meisel J.* An Analytic Foundation for the Toyota Prius THS-II Power-train with a Comparison to a Strong Parallel Hybrid // Electric Powertrain. 2006. 01. 0666.

6. *Miller J. M.* Comparative Assessment of Hybrid Vehicle Power Split Transmissions // 4th VI Winter Workshop Series. January 12. 2005.

7. *Крейнис М. А.*, *Розовский М. С.* Зубчатые механизмы. М. :

参考文献

[1] Schultz G. A., Tsai L.-W., Higuchi N., Tong I. C. Development of a Novel Parallel Hybrid Transmission//SAE paper. № 2001. 01. 0875.

[2] Ai X., Anderson S. An Electro-Mechanical Infinitely Variable Transmission for Hybrid Electric Vehicles//SAE paper. № 2005. 01. 0281.

[3] Hermance D., Abe Sh. Hybrid Vehicles Lessons Learned and Future Prospects//SAE paper. 2006. 21. 0027.

[4] Grewe T. M., Conlon B. M., Holmes A. G. Defining the General Motors 2-Mode Hybrid Transmission//SAE paper. 2007. 01. 0273.

[5] Meisel J. An Analytic Foundation for the Toyota Prius THS-II Powertrain with a Comparison to a Strong Parallel Hybrid//Electric Powertrain. 2006. 01. 0666.

[6] Miller J. M. Comparative Assessment of Hybrid Vehicle Power Split Transmissions//4th VI Winter Workshop Series. January 12. 2005.

[7] Крейнис М. А., Розовский М. С. Зубчатые механизмы. М. :

Наука, 1972. 472 с.

8. Электрические машины в тяговом автономном электроприводе / Ю. М. Андреев, К. Г. Исаакян, А. Д. Машихин и др. ; Под ред. А. П. Пролы-гина. М. : Энергия, 1979. 240 с.

9. *Ильинский Н. Ф.* Основы электропривода: Учеб. пособие для вузов. 3-е изд. , стер. М. : Издат. дом МЭИ, 2007. 224 с.

10. *Бычков М. Г.* Вентильно-индукторный электропривод—электропривод будущего//Энергоменеджер. Зима 1997. Вып. 5. С. 27 – 29.

11. *Кузнецов В. А.* Вентильно-индукторные двигатели. М. : МЭИ, 2003.

12. *Фисенко В. Г.* Проектирование вентильных индукторных двигате-лей. М. : МЭИ, 2005.

13. *Бычков М. Г.* Алгоритм проектирования вентильно-индукторного электропривода и его компьютерная реализация//Электротехника. 1997. № 2. С. 11 – 13.

Наука, 1972. 472 с.

[8] Электрические машины в тяговом автономном электроприводе/ Ю. М. Андреев, К. Г. Исаакян, А. Д. Машихин и др.; Под ред. А. П. Пролы-гина. М.: Энергия, 1979. 240 с.

[9] Ильинский Н. Ф. Основы электропривода: Учеб. пособие для вузов. 3-е изд., стер. М.: Издат. дом МЭИ, 2007. 224 с.

[10] Бычков М. Г. Вентильно-индукторный электропривод—электропривод будущего//Энергоменеджер. Зима 1997. Вып. 5. С. 27 – 29.

[11] Кузнецов В. А. Вентильно-индукторные двигатели. М.: МЭИ, 2003.

[12] Фисенко В. Г. Проектирование вентильных индукторных двигателей. М.: МЭИ, 2005.

[13] Бычков М. Г. Алгоритм проектирования вентильно-индукторного электропривода и его компьютерная реализация//Электротехника. 1997. № 2. С. 11 – 13